# TENHO UM ALUNO COM DISCALCULIA: E AGORA?

## COMISSÃO EDITORIAL DA OBRA

**Maria Nobre Sampaio**

Fonoaudióloga (Unesp). Mestra e Doutora em Educação (Unesp). Pós Doutorada Júnior pelo CNPq. Especialista em Linguagem e em Fonoaudiologia Educacional (CFFa). Docente Voluntária do Departamento de Fonoaudiologia da UFES e Fonoaudióloga Clínica da "Desenvolver - Centro de desenvolvimento cognitivo" (Vitória/ES).

**Rita de Cássia Duarte Leite**

Fonoaudióloga pela Pontifícia Universidade Católica de Goiás – PUC/GO. Mestra em Ciências da Saúde pela Faculdade de Medicina da Universidade Federal de Minas Gerais (UFMG). Doutora em Psicologia pela Faculdade de Filosofia e Ciências Humanas da Universidade Federal de Minas Gerais (UFMG). Fonoaudióloga com atuação clínica nas áreas de linguagem e aprendizagem. Fonoaudióloga educacional com enfoque no processo de alfabetização e transtornos de aprendizagem. Coordenadora científica e professora do Curso de Especialização em Linguagem com ênfase no Desenvolvimento Infantil da FonoAprimorar, em parceria com a FACSET/MG. Professora do Curso de Especialização em Linguagem com Enfoque nos Distúrbios de Linguagem, Aprendizagem e na atuação em âmbito educacional do CEFAC/FAMOSP.

**Suzelei Faria Bello**

Fonoaudiólogia pela Universidade Estadual Paulista Júlio de Mesquita Filho (1994), Licenciatura em Pedagogia (2012), Mestrado em Educação Especial (Educação do Indivíduo Especial) pela Universidade Federal de São Carlos (2009) e Doutorado em Educação Especial - Univerdidade Federal de São Carlos (2013). Pós-Doutorado em Ciência Tecnologia e Sociedade(UFSCar) Especilista em Fonoaudiologia Educacional. Aprimoramento em Linguagem Infantil e Especialização em Intervenções Precoces no Autismo, baseado no Modelo Denver. Pesquisadora do Centro de Pesquisa e Desenvolvimento Infantil. Fonoaudiologa Clinica do Centro de Pesquisa e Desenvolvimento Infantil - CPEDI. Consultora de Escolas do Ensino Infantil da rede privada com Experiência na área de Linguagem, Educação Especial e Inclusiva. Vice-coordenadora do Comitê de Educação Especial da Sociedade Brasileira de Fonoaudiologia gestões 2010-2022 e 2023-2025.

Coleção
**Aos Mestres com Carinho**

# TENHO UM ALUNO COM DISCALCULIA: E AGORA?

ORGANIZADORAS

SIMONE APARECIDA CAPELLINI
GISELI DONADON GERMANO

Artesã

Tenho um aluno com discalculia: e agora?



DIRETOR
Alcebino Santana

DIREÇÃO DE ARTE
Tiago Rabello

REVISÃO ORTOGRÁFICA E GRAMATICAL
Lígia Serrano Lopes

REVISÃO DAS NORMAS ABNT
Michele de Souza Lopes

CAPA
Artesã Editora/Walkiria P. Campos

DIAGRAMAÇÃO
Conrado Esteves

Catalogação na publicação
Elaborada por Bibliotecária Janaina Ramos – CRB-8/9166

T292

Tenho um aluno com discalculia. E agora? / Organização de Simone Aparecida Capellini, Giseli Donadon Germano; Prefácio de Adriana Marques de Oliveira. – Belo Horizonte: Artesã, 2024.

(Aos mestres com carinho)

Organização da coleção: Ângela Mathylde Soares

160 p.; 16 X 23 cm

ISBN 978-85-7074-130-1

1. Discalculia. 2. Fonoaudiologia. 3. Psicopedagogia. 4. Matemática. I. Capellini, Simone Aparecida (Organizadora). II. Germano, Giseli Donadon (Organizadora). III. Oliveira, Adriana Marques de (Prefácio). IV. Título.

CDD 616.8552

Índice para catálogo sistemático
I. Discalculia

IMPRESSO NO BRASIL
*Printed in Brazil*

(31)2511-2040 (31)99403-2227
**www.artesaeditora.com.br**
Rua Rio Pomba 455, Carlos Prates - Cep: 30720-290 | Belo Horizonte - MG
/artesaeditora

# APRESENTAÇÃO DA COLEÇÃO

**Profa. Dra. Ângela Mathylde Soares**

A Coleção AOS MESTRES COM CARINHO é um diálogo com conteúdo sobre o dia a dia do chão de sala de aula com a intenção e objetivo de responder indagações e inquietações das perguntas sem respostas. O famoso "*e agora*?".

Esta coleção tem o desejo de trazer a valorização dos profissionais de educação.

Precisamos entender que essa ação de valorizar não está ligada apenas a remuneração, mas sim a dar condições para que os envolvidos no processo do educar e do aprender tragam bagagem pedagógica que acompanhe as novas tecnologias e as novas aprendizagens.

E não podemos nos esquecer das novas parcerias feitas com a educação, como a psicopedagogia, a saúde, a ciência, o direito e várias outras áreas presentes na educação do século XXI.

A Informação hoje é rápida, dinâmica e imediata, e com isso, com esta nova geração de estudantes, é necessário um professor que caminhe nesse mesmo território. Assim, há necessidade de capacitar e renovar para acompanhar as tão desejadas mudanças.

Precisamos alinhar as ações incluindo a capacitação dos docentes, as parcerias das famílias e o casamento com a ciência, trazendo respaldo a esta formação, com intuito, intenção e garantia de melhora constante do ensino.

Esta coleção será um encontro carinhoso, respeitoso e eficaz sobre o tema que trabalhará a qualificação e a motivação dos nossos mestres e os envolvidos nesta gestão.

Uma equipe qualificada e preparada para as demandas de sala de aula é de suma importância, aliás, fundamental para que este objetivo seja cumprido.

Entendemos que esta coleção é um investimento importante que trará um conforto para professores, alunos, gestores e profissionais da educação, que possibilitará uma melhoria nas questões, individualidade e empoderamento do aluno – o que se fará por volumes e temáticas pontuais, possibilitando, assim, para o profissional da educação, ter informação ampla e bem assertiva sobre cada assunto proposto.

É importantíssimo ressaltar os benefícios que esta coleção trará aos cursos universitários, favorecendo a reflexão de que, no processo, precisam receber com a teoria, a prática e o envolvimento uma metodologia que traga excelência e respeite as competências e habilidades de nossos alunos.

A prática em sala de aula tem que nortear o aluno e o professor em atividades que estimulem a criatividade e a pesquisa baseada em evidências, por meio de um marco teórico fundamentado.

Pensando nessa discrepância entre o que se aprendeu na faculdade e a realidade de uma sala de aula, nasce a coleção AOS MESTRES COM CARINHO, para auxiliar responder os agoras dos profissionais da educação. Nasce uma coleção que se importa com a educação de qualidade e com evidência.

E não podemos nos esquecer do professor e de todos os envolvidos neste processo de receber o melhor de nós.

Com muito carinho, como professora, dedico esta coleção aos profissionais da educação, com o coração cientificado e motivado. Espero que esta experiência seja proveitosa. Curta os volumes e responda às perguntas que não querem calar!

O meu MUITO OBRIGADA!

# APRESENTAÇÃO

O Livro intitulado "*Tenho um aluno com Discalculia: e agora?*" é uma importante obra direcionada para professores e profissionais que atuam na área da Educação.

O conteúdo deste livro apresenta 9 importantes temas relacionados à Discalculia e seu impacto na aprendizagem acadêmica que, muitas vezes, são pouco conhecidos ou reconhecidos dentro do ambiente de sala de aula.

Os autores, de forma didática, discorreram sobre as implicações deste transtorno específico da aprendizagem para a alfabetização, para o desenvolvimento das habilidades matemáticas, destacando a necessidade dos profissionais da área educacional em conhecer melhor este transtorno para poder adequar e adaptar as situações de ensino-aprendizagem das crianças com Discalculia.

Desta forma, nós organizadores desta obra, desejamos que os leitores, sejam estes professores ou profissionais da equipe técnica-pedagógica, aperfeiçoem e aprofundem os seus conhecimentos para que as suas práticas possam melhorar o manejo das crianças com Discalculia em sala de aula, pois, somente desta forma, será garantido o direito ao pleno desenvolvimento educacional destas crianças.

**SIMONE APARECIDA CAPELLINI**

**GISELI DONADON GERMANO**

# PREFÁCIO

O Transtorno Específico em Matemática (Discalculia) afeta as habilidades aritméticas e representa um desafio complexo com um impacto significativo na vida de muitos indivíduos. Este livro concentra-se nesse transtorno, caracterizado por déficits na compreensão de números e cálculos. Nesta obra, as organizadoras Giseli Donadon Germano e Simone Aparecida Capellini reuniram vários autores para aprofundarem na compreensão da Discalculia, um Transtorno Específico de Aprendizagem que afeta muitos alunos. Os autores convidados abordaram as definições e manifestações deste transtorno, esclarecendo equívocos comuns. Desta forma, este livro é um recurso valioso para professores, profissionais de Saúde e pais que buscam compreender e apoiar àqueles que enfrentam a Discalculia, um desafio muitas vezes subestimado e subdiagnosticado.

O capítulo inicial, intitulado "Discalculia: definições e manifestações," das autoras Giseli Donadon Germano e Simone Aparecida Capellini, estabelece uma base sólida para educadores, profissionais de Saúde e pais. Explora profundamente a Discalculia, desde suas raízes neurobiológicas até seus impactos na aprendizagem matemática. Distingue o baixo rendimento aritmético da Discalculia do Desenvolvimento (DD) e enfatiza a importância de intervenções interdisciplinares. Destaca também a relevância da identificação precoce e do apoio contínuo para os alunos, dada a importância da Matemática na vida cotidiana.

O capítulo 2 intitulado "Avaliação psicopedagógica nas alterações matemáticas", das autoras Eliane Giachetto Saravali e Érica de Cássia Gonçalves, oferece uma abordagem esclarecedora das complexidades envolvidas no ensino e aprendizado da Matemática, com foco na avaliação psicopedagógica. As autoras exploram as relações entre as dificuldades na aprendizagem matemática e o desenvolvimento cognitivo, fundamentando-se na perspectiva piagetiana. Com uma abordagem prática e pedagógica, este capítulo oferece *insights* valiosos para educadores e psicopedagogos que desejam apoiar alunos com dificuldades na matemática.

No capítulo 3 "Contribuição da Pedagogia na adaptação curricular de escolares com Discalculia", de Miryan Cristina Buzetti, destaca-se a importância da intervenção precoce na Discalculia. Buzetti enfatiza a adaptação curricular, a necessidade de estratégias personalizadas e o monitoramento contínuo. A autora enfoca a inclusão, ressaltando práticas pedagógicas e jogos para aprimorar o raciocínio matemático. Este capítulo é um guia prático para professores que buscam estratégias de apoio para alunos com Discalculia, promovendo uma educação inclusiva.

No capítulo 4, intitulado "Relação Linguagem e Discalculia", as autoras Júlia Beatriz Lopes Silva e Luana Teixeira Batista exploram a intrincada conexão entre linguagem e Discalculia. Destacam a importância da Matemática na vida cotidiana e seu impacto na renda, empregabilidade e saúde mental. O capítulo se concentra nas influências fonológicas no processamento numérico e nas habilidades aritméticas, examinando a comorbidade entre Dislexia e Discalculia. Oferecem informações valiosas sobre as estratégias de intervenção e suporte para indivíduos com dificuldades em leitura e Matemática, destacando a relevância do processamento fonológico.

No capítulo 5, "Intervenção com as Alterações Matemáticas no Ensino Fundamental I", de Silvia Cristina de Freitas Feldberg, somos conduzidos a um mergulho profundo no universo da educação matemática. É destacada a importância da intervenção precoce e abordam estratégias, programas e jogos que podem beneficiar alunos com dificuldades matemáticas. Este capítulo é um guia valioso para educadores, pais e profissionais da área interessados em aprimorar o ensino da matemática na educação fundamental.

No Capitulo 6, "Identificação Precoce nos Problemas de Matemática", as autoras Andréa Carla Machado e Simone Aparecida Capellini abordam as tarefas pré-numéricas do Inventário de Identificação Precoce para Habilidades Matemáticas (IPHM) e discutem a importância de competências como memória operacional e processamento visual no desenvolvimento da matemática. As autoras também enfatizam a relevância da identificação precoce para auxiliar no progresso das crianças e promover uma educação inclusiva. Este capítulo oferece uma visão abrangente e prática das estratégias de identificação de dificuldades matemáticas em crianças, proporcionando um recurso valioso para educadores, pais e profissionais que buscam aprimorar o ensino da matemática na Educação Infantil.

No capítulo 07, "Contribuições da Psicopedagogia para o aluno com Discalculia", a autora Raquel Maria Biral Faconti enfatiza a necessidade de ir além do rótulo de Discalculia, destacando a importância de um forte vínculo afetivo entre professores e alunos. Ela oferece estratégias concretas, como o uso de recursos multissensoriais e objetos de aprendizagem, para apoiar o desenvolvimento da matemática, ressaltando a importância do monitoramento contínuo do progresso dos alunos. Faconti destaca a individualização e a consolidação de pré-requisitos como fundamentais para o sucesso da aprendizagem.

No capítulo 8, "Intervenção com as Alterações Matemáticas na Educação Infantil", de Rita dos Santos de Carvalho Picinini, a autora destaca a importância do desenvolvimento das habilidades matemáticas desde a infância e ressalta a diferença entre a educação formal e informal, enfatizando que a educação fora da escola desempenha um papel fundamental na construção das habilidades matemáticas primárias. A progressão do desenvolvimento das habilidades matemáticas, abordada pelo Modelo de Desenvolvimento da Cognição Numérica, é detalhada, desde a Educação Infantil até o Ensino Fundamental. A autora também discute a identificação e compreensão das dificuldades matemáticas, enfatizando a necessidade de diagnóstico e personalização dos planos de intervenção. O capítulo conclui destacando a importância de pesquisas e intervenções cuidadosamente planejadas para promover o desenvolvimento das habilidades matemáticas desde tenra idade, criando uma base sólida para o sucesso acadêmico futuro.

No capítulo 9, "Tenho uma aluna com Discalculia, e agora?" as autoras Liene Rossi e Flavia Heloisa Santos destacam a importância da avaliação diagnóstica e apresentam um estudo de caso envolvendo Luana, uma criança de 8 anos com DD. A intervenção, utilizando treino cognitivo computadorizado, trouxe melhorias significativas nas habilidades numéricas da criança. O capítulo também enfatiza a ansiedade à matemática comum em crianças com DD e oferece recomendações para professores. É um guia informativo e esclarecedor sobre a DD e sua gestão.

Esta obra fornece uma base sólida de conhecimentos para professores, profissionais da Educação, Saúde e pais que buscam compreender a Discalculia e oferecer o melhor suporte possível para aqueles que a enfrentam. Ao fornecer *insights* valiosos, evidências e recomendações, este texto se torna uma ferramenta essencial na busca de soluções para o desafio da Discalculia.

Convido o leitor a embarcar nesta jornada de descoberta e aprendizado, explorando o mundo da Discalculia e suas implicações. Que esta obra seja uma fonte de conhecimento e inspiração para todos aqueles que desejam enfrentar e superar os obstáculos na aprendizagem matemática.

Que este livro inspire e capacite todos os envolvidos na Educação a abraçar a diversidade de nossos alunos e a fornecer o apoio que cada um merece.

**ADRIANA MARQUES DE OLIVEIRA**

Fonoaudióloga. Mestra e Doutora em Educação.

Especialista em Linguagem e em Fonoaudiologia Educacional pelo Conselho Federal de Fonoaudiologia – CRFa. Docente do Departamento de Fonoaudiologia da Universidade Federal de Santa Maria – UFSM. Pesquisadora do Laboratório de Investigação dos Desvios da Aprendizagem – LIDA do Departamento de Fonoaudiologia da Faculdade de Filosofia e Ciências (FFC) da Universidade Estadual Paulista "Júlio de Mesquita Filho" – Unesp, Câmpus Marília.

# DISCALCULIA: DEFINIÇÕES E MANIFESTAÇÕES

Giseli Donadon Germano

Simone Aparecida Capellini

O Manual Diagnóstico e Estatístico de Transtornos Mentais (APA, 2014) define o Transtorno Específico em Matemática como uma dificuldade persistente na aprendizagem de senso numérico, memorização de fatos aritméticos, precisão ou fluência de cálculo e precisão no raciocínio matemático. Por se tratar de um transtorno de origem genética e manifestações heterogêneas, que pode ser confundido com a dificuldade de aprendizagem, este capítulo tem como objetivo descrever as definições e manifestações do Transtorno Específico em Matemática ou Discalculia.

## DISCALCULIA E O DESENVOLVIMENTO DAS HABILIDADES ARITMÉTICAS

Haase e Santos (2014) referiram que o Transtorno Específico da Aprendizagem da Matemática ou Discalculia do desenvolvimento caracteriza-se por déficits na numerosidade, que não podem ser explicados por transtornos intelectuais ou sensoriais. Em relação ao termo "desenvolvimento", deve-se a evidências da precocidade de dificuldades de numerosidade. Kaufmann *et al.* (2013) definem ainda a Discalculia como um transtorno heterogêneo resultante de déficits individuais no funcionamento numérico ou aritmético nos níveis comportamental, cognitivo/neuropsicológico e neuronal.

Kaufmann *et al.* (2013) destacam que as dificuldades aritméticas podem refletir diferenças individuais em funções numéricas e não numéricas. As funções numéricas compreendem muitos aspectos do "senso de número" como o foco espontâneo no número, como comparar quantidades numéricas representadas de forma não simbólica (por exemplo, como matrizes de pontos) (Piazza *et al.*, 2010), processar números simbolicamente (por exemplo, em notação arábica) (Stock; Desoete; Roeyers, 2010), ou vincular representações não simbólicas a símbolos como palavras numéricas e algarismos arábicos (Rubinsten *et al.*, 2002).

Assim, entender como ocorre o desenvolvimento das habilidades numéricas se faz necessário, tanto do ponto de vista de definições, quanto das manifestações, mas especialmente, para a compreensão de critérios diagnósticos e possibilidades de atuações multiprofissionais. Por isso, von Aster e Shalevn (2007) descrevem quatro estágios na aquisição da competência numérica pelas crianças, sendo:

(1) Em recém-nascidos, crianças pequenas e persistentemente ao longo da vida, a habilidade de *subitizing* (de subito, rápido, súbito) é a habilidade não verbal inata de detectar de relance. Desde recém-nascido, trata-se da habilidade de perceber uma diferença no número de itens entre dois pequenos conjuntos de até quatro ou mais itens colocados aleatoriamente (Gallistel; Gelman, 1992).

(2) Pré-escolares aprendem por memorização os rótulos verbais para contar, geralmente no início como uma sequência indiferenciada de nomes de um único dígito sem referentes. Apenas com a idade de três a quatro anos o pré-escolar médio adquire gradualmente, um por um, o nome do numeral que se aplica especificamente a um objeto, depois a dois, depois três, depois quatro e assim por diante, desenvolvendo progressivamente um sentido mais abstrato de número exato e aprendendo que cada nome simboliza um número específico, independente do tamanho ou aparência de seu referente (Cantlon; Safford; Brannon, 2010).

A criança precisa de tempo para entender que a unicidade *(cardinalidade)* de cada número ocorre sempre na mesma ordem de contagem (*ordinalidade*) e, eventualmente, que o nome do último dígito fornece o número total exato de itens em qualquer *conjunto contado* em série. Na Educação Infantil, a maioria das crianças contará com segurança de cinco a dez objetos espaçados aleatoriamente sem repetição ou salto, indexando sua compreensão gradual da cardinalidade e da ordinalidade dos números.

(3) No primeiro ano do Ensino Fundamental I, eles aprenderão a vincular nomes de números aos símbolos de dígitos arábicos codificados visualmente e a entender que adicionar um ou subtrair um de um conjunto produz o próximo número maior ou menor de itens no conjunto. Eles se tornam progressivamente capazes de dar respostas verbais memorizadas rapidamente para adição e subtração de um dígito de números até cinco, e terão descoberto a utilidade de seus dedos para o cálculo (Kaufmann, 2008).

(4) Somente nesta fase, muitas crianças do Ensino Fundamental descobrirão que pode contar itens em série em vários conjuntos para obter o total de sua união. As crianças normalmente precisarão de mais dois ou três anos para memorizar respostas mecânicas para adição e subtração de dígitos maiores e para visualizar a representação espacial de números consecutivamente maiores na linha numérica linear, como suporte para ordinalidade e para o domínio do sistema decimal.

Entretanto, ressalta-se que a aritmética mental com números pequenos está sujeita a muita prática nas primeiras séries da escola. Respostas automáticas para cálculos de um dígito e tabuadas de multiplicação de até cinco ou dezenas são aprendidos e memorizados por repetição, sendo codificadas verbalmente para armazenamento de longo prazo, ignorando assim a necessidade de computação mental repetida. Em contraste, a adição e multiplicação de um dígito, as operações inversas, subtração e divisão, são menos propensas a serem automatizadas, elas continuam a exigir mais recursos cognitivos e circuitos cerebrais mais difundido (Dehaene, 2001; Stanescu-Cosson *et al.*, 2000).

Deste modo, investigando a relação cognição e representação cerebral, Dehaene (2001) fornece um esquema simplificado dos principais tratos recíprocos das vias de magnitude parietal posterior esquerda e direita centradas no Sulco Intraparietal (SIP) e giros adjacentes (FIGURA 1).

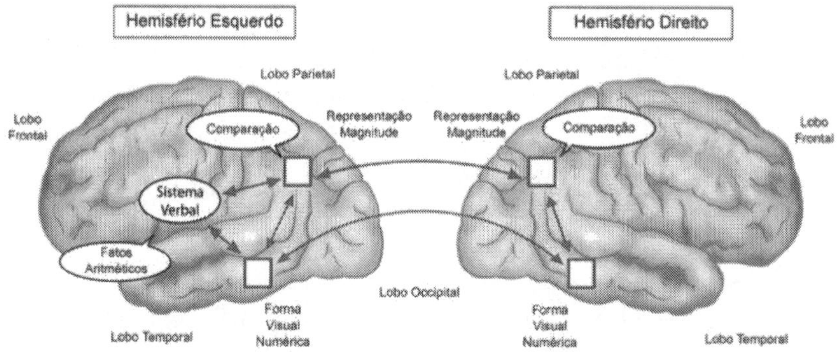


Figura 1 – Proposta de modelo anatômico da distribuição da representação numérica

Fonte: Dehaene e Cohen (1995) e Germano e Capellini (2019).

Ambos os hemisférios recebem informações visuais pré-processadas pelas vias occipitoparietais superiores diretas e via projeções inferiores indiretas assimétricas do sulco occipitotemporal ventral e giro fusiforme adjacente.

O fluxo visual occipitoparietal dorsal, denominado fluxo visual "onde", informa aos lóbulos parietais póstero-superiores, predominantemente o direito, sobre localização, tamanho, movimento e outras características espaciais dos estímulos visuais. Habilidades espaciais são preditivas de habilidade aritmética, pois são críticas para o senso numérico, para estimativa e comparação de tamanho, para visualizar a linha numérica mental, para entender o princípio da casa decimal e dominar geometria, entre outras habilidades matemáticas (Cantlon; Platt; Brannon, 2009; Dewolf, 2014; Gunderson *et al.*, 2012).

O fluxo temporo-occipital ventral, chamado fluxo visual "o que", predominantemente à esquerda, ligando o SIP e o giro angular a córtices de processamento de linguagem generalizados, incluindo a recuperação do som da fala (área de Wernicke do giro temporal superior posterior e supramarginal), processamento semântico em córtices temporais, e por meio do fascículo arqueado, programação de saída de fala na área frontal inferior e Broca (Binder, 2015).

Em síntese, estudos de imagem indicam que o processamento de números ativa redes numéricas interconectadas centradas nos lobos parietais direito e esquerdo, em particular o SIP, com o giro angular esquerdo um pouco mais envolvido na manipulação dependente da linguagem de números exatos e o direito em magnitude contínua estimativa, incluindo senso numérico (Rapin, 2016).

Assim, devido a heterogeneidade de ativações, os estudos de neuroimagem para a Discalculia ainda são controversos. Kaufmann *et al.* (2011) referiram que crianças discalcúlicas ativam menos o SIP esquerdo e córtex parietal inferior da linguagem e mais áreas frontoparietais (responsáveis por processamentos não numéricos – atenção e Funções Executivas) e outras áreas disseminadas que crianças não afetadas, apoiando a mobilização de estratégias compensatórias para mitigar a incompetência numérica. Deste modo, tal mudança de ativação seria uma tentativa de compensar as dificuldades de numeramento exato deficiente ou senso numérico, presentes na Discalculia.

Em função disso, Kaufmann *et al.* (2013) postularam algumas recomendações para a Discalculia primária e seu diagnóstico, conforme descritas na sequência:

- Há evidências convincentes de que as habilidades numéricas básicas são prejudicadas na Discalculia. Portanto, testes puramente educacionais (curriculares) não são adequados para explorar os déficits numéricos característicos associados à Discalculia.
- Discalculia é um transtorno heterogêneo (como outros transtornos do neurodesenvolvimento). Avaliações multidimensionais rastreando diferentes representações numéricas e processos aritméticos devem ser usadas para avaliar a precisão, velocidade e estratégias da resposta.
- Déficits específicos em subdomínios numéricos são possíveis, mesmo quando os resultados gerais do teste de Discalculia não são notáveis.
- O desempenho aritmético de crianças diagnosticadas com Discalculia pode ser instável ao longo do desenvolvimento e do tempo; assim, as crianças que estão razoavelmente próximas dos critérios formais de Discalculia (geralmente pontuando <10° percentil) devem ser testadas novamente no semestre/ano escolar seguinte. Conservadoramente, o reteste é recomendado se o desempenho for <25° percentil.
- Atualmente, não há evidências de que o foco nas discrepâncias entre as habilidades cognitivas numéricas e gerais melhore a precisão do diagnóstico ou os resultados da intervenção.

- A Discalculia pode ser comórbida com outros transtornos do neurodesenvolvimento, psiquiátricos e neuropediátricos que podem afetar a regulação do funcionamento motor/executivo/afetivo/ sociocomportamental e devem ser considerados para diagnóstico diferencial.
- As características educacionais e socioemocionais devem ser consideradas no diagnóstico e exclusão de Discalculia.

## DISCALCULIA E BAIXO RENDIMENTO ARITMÉTICO

Como descrito anteriormente, a Discalculia está relacionada a aspectos neurobiológicos, de grande complexidade, sendo necessárias avaliações interdisciplinares para a sua identificação.

Além disso, é importante que seja realizada a identificação de escolares com rebaixamento ou dificuldades na aprendizagem das habilidades aritméticas. Recentemente, os resultados do Sistema de Avaliação de Rendimento Escolar do Estado de São Paulo (São Paulo, 2021), realizados no final do ano de 2021, apontaram perdas irreparáveis causadas pela pandemia e fechamento das escolas.

De acordo com os resultados, em Matemática, o escolar que estava no 5.º ano apresentou a mesma proficiência esperada de um estudante do 2.º ano do Ensino Fundamental. Já o escolar da última série do Ensino Médio saiu da escola com defasagem de quase seis anos (São Paulo, 2021).

Para Dehaene (2011), tais dificuldades ou "inumerácia" deve ser analisado considerando fatores diversos, já que refletem a dificuldade do cérebro humano por armazenar conhecimento aritmético. O autor também indicou que ainda deve ser considerada a crença de que a aprendizagem da Matemática requer maior esforço do aluno, o componente emocional da aprendizagem (por exemplo, a ansiedade ou fobia sobre a Matemática) e as condições de ensino da Matemática.

Deste modo, o autor destaca que há fatores extrínsecos à condição do escolar, mas que devem ser vistos como fatores agravantes, sendo também necessário pensar em intervenções com estes escolares, para que percebam que as operações matemáticas têm um significado intuitivo. Ou seja, a intervenção deve buscar a elaboração e memorização de "modelos mentais" de aritmética (Dehaene, 2011).

Em função disso, destacamos alguns aspectos que devem ser considerados como manifestações do baixo rendimento aritmético em comparação com a Discalculia, conforme descrito em estudos internacionais (Butterworth, 2005; Kucian; Von Aster, 2015; Kaufmann; Von Aster, 2012).

## BAIXO RENDIMENTO ARITMÉTICO

- Notado por professores em relação ao baixo rendimento nas avaliações;
- Condições extrínsecos: aspectos socioeconômicos e sociais;
- Conseguem fazer estratégias compensatórias de decomposição (ex.: 17+6 = 17+3+3);
- Realizam cálculos com maior precisão;
- Recuperam fatos numéricos, conseguem solucionar problemas simples;
- Impacto emocional (baixa autoestima, insegurança, ansiedade);
- Sujeitos à *bullying;*
- Não apresentam prejuízos em todos os sistemas de cognição numérica;
- TRANSITÓRIA (com a intervenção pedagógica).

## DISCALCULIA DO DESENVOLVIMENTO

- Notado por professores em relação ao baixo rendimento nas avaliações;
- Dificuldades em senso numérico desde a pré-escola;
- Condições intrínsecas: fator genético e disfunção cerebral;
- Imprecisão nas tarefas de comparação de magnitude (simbólica e para numerais);
- Dificuldades em estabelecer estratégias compensatórias (decomposição);
- Crianças com estratégias imaturas (contam com os dedos para resolver problemas, desenham elementos não simbólicos para contagem);

- Dificuldades em lidar com atividades que demandam compreensão de conceitos numéricos básicos (numerosidade), estimativas, linha numérica e fatos aritméticos;
- PERSISTENTE mesmo com intervenção multidisciplinar

## CONSIDERAÇÕES FINAIS

A aprendizagem da Matemática ainda é um desafio nos contextos nacionais e internacionais, já que está diretamente relacionada ao funcionamento numérico ou aritmético nos níveis comportamental, cognitivo/neuropsicológico e neuronal.

A Matemática está inerentemente presente na vida cotidiana, é necessária para atividades simples, como pagar um lanche, fazer um bolo, etc. Deste modo, falhas em sua aprendizagem representam sérias consequências educacionais.

Destacamos a necessidade de avaliações e intervenções interdisciplinares precoces em ambientes clínicos e educacionais, além da observação da necessidade do escolar receber apoio extra para continuar seguindo o ensino.

## REFERÊNCIAS


APA. American Psychiatric Association. **DSM-5**: Manual Diagnóstico e Estatístico de Transtornos Mentais. Porto Alegre: Artmed, 2014.

BINDER, J. R. The Wernicke area: Modern evidence and a reinterpretation. **Neurology**, v. 85, n. 24, p. 2170-2175, 2015.

BUTTERWORTH, B. The development of arithmetical abilities. **Journal of Child Psychology and Psychiatry**, v. 46, n. 1, p. 3-18, 2005.

CANTLON, J. F.; PLATT, M. L.; BRANNON, E. M. Beyond the number domain. **Trends in cognitive sciences**, v. 13, n. 2, p. 83-91, 2009.

CANTLON, J. F.; SAFFORD, K. E.; BRANNON, E. M. Spontaneous analog number representations in 3-year-old children. **Developmental science**, v. 13, n. 2, p. 289-297, 2010.

DEHAENE, S. Précis of the number sense. **Mind & language**, v. 16, n. 1, p. 16-36, 2001.

DEWOLF, M.; GROUNDS, M. A.; BASSOK, M.; HOLYOAK, K, J. Magnitude comparison with different types of rational numbers. **Journal of Experimental Psychology**: Human Perception and Performance, v. 40, n. 1, p. 71, 2014.

GALLISTEL, C. R.; GELMAN, R. Preverbal and verbal counting and computation. **Cognition**, v. 44, n. 1-2, p. 43-74, 1992.

GUNDERSON, E. A.; RAMIREZ, G.; BEILOCK, S. L.; LEVINE, S. C. The relation between spatial skill and early number knowledge: the role of the linear number line. **Developmental psychology**, v. 48, n. 5, p. 1229, 2012.

KAUFMANN, L.; MAZZOCCO, M. M; DOWKER, A.; VON ASTER, M.; GÖBEL, S. M; GRABNER, R. H; HENIK, A., JORDAN, N. C.; KARMILOFF-SMITH, A. D.; KUCIAN, K.; RUBINSTEN, O., SZUCS, D.; SHALEV, R.; NUERK, HC. Dyscalculia from a developmental and differential perspective. **Frontiers in psychology**, v. 4, p. 516, 2013.

KAUFMANN, L.; WOOD, G.; RUBINSTEN, O.; HENIK, A. Meta-analyses of developmental fMRI studies investigating typical and atypical trajectories of number processing and calculation. **Developmental neuropsychology**, v. 36, n. 6, p. 763-787, 2011.

KAUFMANN, L.; VON ASTER, M. The diagnosis and management of dyscalculia. **Deutsches Ärzteblatt International**, v. 109, n. 45, p. 767, 2012.

KAUFMANN, L. Dyscalculia: neuroscience and education. **Educational research**, v. 50, n. 2, p. 163-175, 2008.

KUCIAN, K.; VON ASTER, M. Developmental dyscalculia. **European journal of pediatrics**, v. 174, n. 1, p. 1-13, 2015.

PIAZZA, M.; FACOETTI, A.; TRUSSARDI, A. N.; BERTELETTI, I.; CONTE, S.; LUCANGELI, D.; DEHAENE, S.; ZORZI, M. Developmental trajectory of number acuity reveals a severe impairment in developmental dyscalculia. **Cognition**, v. 116, n. 1, p. 33-41, 2010.

RAPIN, I. Dyscalculia and the calculating brain. **Pediatric neurology**, v. 61, p. 11-20, 2016.

RUBINSTEN, O.; HENIK, A.; BERGER, A.; SHAHAR-SHALEV, A. The development of internal representations of magnitude and their association with Arabic numerals. **Journal of Experimental Child Psychology**, v. 81, n. 1, p. 74-92, 2002.

SÃO PAULO. Estado. Secretaria da Educação. **Resultados Saresp**. Disponível em https://www.educacao.sp.gov.br/saresp-2021-em-matematica-estudantes-ensino-medio-tem-o-pior-desempenho-registrado-em-11-anos/. Acesso em: 15 jul. 2023.

STANESCU-COSSON, R.; PINEL, P.; VAN DE MOORTELE, P. F.; LE BIHAN D.; COHEN, L.; DEHAENE, S. Understanding dissociations in dyscalculia: a brain imaging study of the impact of number size on the cerebral networks for exact and approximate calculation. **Brain**, v. 123, n. 11, p. 2240-2255, 2000.

STOCK, P.; DESOETE, A.; ROEYERS, H. Detecting children with arithmetic disabilities from kindergarten: Evidence from a 3-year longitudinal study on the role of preparatory arithmetic abilities. **Journal of learning Disabilities**, v. 43, n. 3, p. 250-268, 2010.

VON ASTER, M. G.; SHALEV, R. S. Number development and developmental dyscalculia. **Developmental medicine & child neurology**, v. 49, n. 11, p. 868-873, 2007.

# AVALIAÇÃO PSICOPEDAGÓGICA NAS ALTERAÇÕES MATEMÁTICAS

Eliane Giachetto Saravali

Érica de Cássia Gonçalves

Dentre os grandes desafios enfrentados pelos professores estão as questões envolvendo o ensino e a aprendizagem de Matemática, bem como o trabalho junto a discentes com dificuldades na área.

Numa perspectiva piagetiana (Jean Piaget 1896-1980), muitos estudos apontam relações existentes entre as queixas na aprendizagem de Matemática, o baixo rendimento escolar e um atraso na construção de estruturas cognitivas consideradas essenciais ao processo de aprendizagem (Carvalho; Assis, 2020; Camargo, 2016; Leite; Assis, 2013; Zaia, 1996; Brenelli, 1993). Dentre as principais contribuições destas pesquisas podemos resumir: 1) problemas na aprendizagem de Matemática podem ter relação com um atraso no desenvolvimento operatório, isto é, atraso na construção de um raciocínio menos figurativo e reversível; 2) é possível realizar intervenções no campo pedagógico e psicopedagógico que favoreçam a construção destas estruturas mentais; 3) o sucesso destas intervenções também promove a melhora no rendimento escolar.

Diferentes autores (Kamii, 2011; Kamii; Joseph, 2005, Kamii; Dominick, 2014) investigaram e identificaram como o ensino da Matemática, de forma tradicional e amplamente conhecida por nós, pode ser bastante nocivo para as crianças. Ainda, o conhecimento dos processos envolvidos na psicogênese de noções como a adição (Bessa, 2020), a multiplicação (Saravali, 2005) e a divisão (Molinari, 2020) auxilia na construção de procedimentos para intervenção favoráveis à compreensão desses conteúdos pelos alunos, destacando-se, sobretudo, a utilização de jogos de regras (Rabioglio, 2020). Soma-se a isso o fato de que nessas intervenções observam-se ações coerentes com o desenvolvimento da criança, de forma a respeitar e promover construções, criação e ampliação de hipóteses, atuação de mecanismos cognitivos, estabelecimento de relações pelos próprios alunos o que, na melhor das hipóteses, muda a interação do estudante com um conteúdo muitas vezes considerado difícil ou inatingível por muitos. A respeito do ensino tradicional de Matemática, Piaget já nos dizia:

> Todo aluno normal é capaz de um bom raciocínio matemático desde que se apele para a sua atividade e se consiga assim remover as inibições afetivas que lhe conferem com bastante frequência um sentimento de inferioridade nas aulas que versam sobre essa matéria. Toda a diferença está em que, na maioria das aulas de Matemática, o aluno é convidado a receber de fora uma disciplina intelectual já inteiramente organizada, que ele compreende, ou não, ao passo que, em um contexto de atividade autônoma, é ele solicitado a descobrir por si mesmo as correlações e as noções, e assim recriá-los até o momento em que experimentará satisfação (Piaget, 1948/1971, p. 65).

Todavia, durante o percurso escolar, podem ocorrer problemas relacionados ao estudante que demandem ações em contextos específicos como, por exemplo, o psicopedagógico. A Discalculia é um exemplo nesse sentido e é caracterizada por Bossa (2014) pela existência de 3 elementos que ocorrem ou não de forma simultânea: 1) dificuldade no reconhecimento do número e sua associação às grandezas correspondentes; 2) falta de compreensão do número e das operações matemáticas relacionadas à posição espacial do mesmo; 3) dificuldade na compreensão do raciocínio envolvido na operação matemática atribuída à falha na memória de curto prazo.

Ainda, o DSM V (APA, 2014) define, no contexto de Transtorno Específicos de Aprendizagens, as dificuldades persistentes para a aprendizagem de habilidades acadêmicas fundamentais, dentre elas aquelas com prejuízo na Matemática. Alguns aspectos que caracterizariam esse prejuízo são as dificuldades com senso numérico, memorização de fatos aritméticos, precisão ou fluência de cálculo, precisão no raciocínio matemático (APA, 2014).

Nesse sentido, o que pretendemos abordar no presente capítulo e que pode ser utilizado num contexto pedagógico ou psicopedagógico, como instrumento de avaliação ou de intervenção, é a utilização dos jogos de regras para o trabalho junto a crianças discalcúlicas.

## O JOGO DE REGRAS COMO INSTRUMENTO DE AVALIAÇÃO E INTERVENÇÃO

Piaget (1945/2015) nos brindou com uma análise sobre as condições estruturais do jogo e inerentes ao desenvolvimento do ser humano. Assim, falamos em exercício, símbolo e regra como três grandes formas que explicam e caracterizam maneiras de se jogar durante a vida. O jogo de regras tem como característica principal o seu caráter coletivo. Isso quer dizer que a regra supõe, necessariamente, relações sociais ou interindividuais, pois se transmite de geração para geração, ou como Macedo (1995) diz, nessa estrutura só se pode jogar em função da jogada do outro, envolvendo uma assimilação recíproca pelo sentido da coletividade, regularidade e convenção das regras.

Portanto, a importância estrutural do jogo de regras para o autor consiste em seu valor operatório, ou seja, para ganhar faz-se necessário uma coordenação de diferentes pontos de vista, a antecipação, a recorrência, enfim, condição para o desenvolvimento do raciocínio operatório, de acordo com o aporte da epistemologia genética.

Observamos que no contexto psicopedagógico o jogo é um instrumento muito utilizado e constitui importante ferramenta para o trabalho do psicopedagogo como meio de compreender e intervir junto aos processos cognitivos. Porém, esse instrumento tão característico do desenvolvimento infantil não é tão facilmente observado no cotidiano escolar, sobretudo quando avançamos o Ensino Fundamental e adentramos as aulas de Matemática. Usado como momento de descanso ou ilustração de certos conceitos pelo docente, o jogo, além de perder o caráter lúdico e motivacional é, na maioria das vezes, um mero adorno nas ações diárias do professor. Não vemos o jogo constituir o eixo central de um processo pedagógico, não observamos as situações de aprendizagem serem construídas, pensadas e organizadas a partir das inúmeras possibilidades que os problemas suscitados num jogo podem trazer, não percebemos nos docentes a clareza sobre quais processos cognitivos podem ativar mediante a utilização de um jogo, nem mesmo uma valorização desse tipo de atividade em detrimento de outras, como por exemplo os registros em folhas, cadernos e apostilas.

A partir das inúmeras pesquisas realizadas na área a respeito do trabalho com jogos de regras, sobretudo em situações de aprendizagem de conceitos de Matemática (Silva, 2008) e da investigação conduzida por Gonçalves (2020), defendemos que o jogo é um importante recurso pedagógico para o trabalho com conceitos matemáticos e desenvolvimento de estruturas e, igualmente, para aquelas crianças com dificuldades na área (Dias, 2009; Rossetti; Missawa, 2008; Brenelli, 1993).

Ambas, crianças com ou sem dificuldades se beneficiam desse trabalho, uma vez que a estrutura do jogo de regras favorece a descentração do pensamento mediante a necessidade de consideração de outras perspectivas; fornece um *feedback* imediato o que permite a organização de processos de tomada de consciência; possui um componente lúdico e motivacional que auxilia na manutenção da atenção, envolvimento e perseverança nos desafios propostos; permite o trabalho com materiais concretos que são mais úteis do que abordagens muito abstratas na aprendizagem de conceitos da Matemática elementar; oportuniza lidar com o erro de maneira construtiva, avaliando quais estratégias foram bem sucedidas durante a partida e quais precisariam ser modificadas; enfim, o ato de jogar propicia um sujeito mais ativo no processo de construção do seu próprio conhecimento.

É importante considerar que o jogo não é necessariamente um instrumento de avaliação ou de intervenção, assim como esses processos podem complementar-se e relacionar-se no percurso dos atendimentos e das aulas. Compreender isso implica em ter competência para o aproveitamento e a exploração das variadas possibilidades de um jogo. Contudo, para que o profissional consiga trabalhar o jogo enquanto instrumento de avaliação e/ou intervenção, ele precisa ter definido o que será avaliado e isso decorre de um processo de aprender a observar, não superficialmente e de forma constante, com intencionalidade educativa, buscando estabelecer relações entre a ação da criança ao jogar e o seu modo de pensar.

A avaliação à qual nos referimos deve ser entendida como o processo de se acompanhar o pensamento, as ações e as reações do sujeito ao jogar. Sobre isso, Santos e Ortega (2009, p. 35) dizem que o pensamento por si só não é acessível ao pesquisador, "mas a ação e a linguagem possibilitam acesso a aspectos do funcionamento cognitivo e, mais precisamente, ao nível de compreensão que um jogador constrói sobre o jogo." Podemos acrescentar que a forma como os sujeitos resolvem os problemas impostos pelos desafios inerentes ao jogo, ou aqueles que o professor, ou mesmo o psicopedagogo, são capazes de lhes propor, nos trazem informações riquíssimas a respeito do desenvolvimento cognitivo, da compreensão das operações, sobretudo, dos instrumentos cognitivos disponíveis no momento para o aprendiz.

Portanto, na escolha dos jogos o profissional deve ter claramente qual a estrutura de pensamento será necessária desenvolver e identificar se a lógica do jogo selecionado favorecerá a criação de situações que solicitem o estabelecimento de determinadas relações. Por exemplo, se objetivo principal é desenvolver noções de classes, quais jogos poderiam provocar o pensamento sobre agrupamentos de acordo com diferentes características? Ou ainda, se o que se pretende é trabalhar as noções espaciais, que jogos solicitariam do sujeito estabelecer relações de direção, posicionamento, ângulos ou medidas?

De igual maneira, é muito importante reconhecer no professor ou no psicopedagogo parte essencial do processo de trabalho com jogos. Não podemos assumir uma posição que abandone o interacionismo entre professor e aluno a partir do trabalho com jogos. Nesse sentido, um jogo por si não nos diz muito se não tivermos, pelo adulto, a sistematização das solicitações a serem levadas para os alunos. Do contrário, bastaria abastecer as escolas e salas de aulas de materiais e, no caso, muitos jogos. Aliás, cabe ressaltar que, muitas vezes, é isso que encontramos no contexto escolar - recursos subutilizados.

Portanto, o mesmo jogo pode ser usado várias vezes com a turma, a depender do interesse que as crianças mantêm por ele e das situações novas e desafiadoras que o professor consegue apresentar.

Macedo, Petty e Passos (2000) explicam que ao desenvolver um trabalho com jogos, seja no contexto educacional ou psicopedagógico, é importante assegurar o desenvolvimento de quatro etapas: 1) Exploração dos materiais e aprendizagem das regras do jogo; 2) Prática do jogo e construção de estratégias; 3) Situações-problemas a partir das jogadas; 4) Registro do jogo.

Na primeira etapa, as intervenções junto às crianças são direcionadas para uma exploração abrangente de todos os objetos que constituem o jogo (peças, tabuleiro, etc.), objetivando conhecer as propriedades físicas dos materiais (conhecimento físico), se conhecem jogos semelhantes, enfim, atividades exploratórias que permitem ao jogador apropriar-se dos materiais que irá utilizar no decorrer de uma partida, bem como a aprendizagem das regras, condição necessária para o jogo acontecer.

Dando sequência, a segunda etapa corresponde ao jogar propriamente dito e visa propiciar ao sujeito meios para exercitar suas habilidades mentais e buscar melhores resultados para vencer, isto é, "analisar diferentes possibilidades a cada jogada e tomar decisões que favoreçam a vitória não são determinadas a *priori*, mas devem ser construídas" (Macedo; Petty; Passos, 2000, p. 20). Nessa perspectiva, faz-se necessário que o adulto realize uma observação minuciosa na intenção de obter informações sobre o conjunto de ações que caracterizam a conduta do jogador, incentivando a criança a jogá-lo bem.

Considerando os princípios metodológicos que embasam o trabalho com jogos numa perspectiva piagetiana, as situações-problema apresentam especial relevância pois permitem investigar o pensamento infantil, num contexto de intervenção, tendo em vista a modificação da relação com o conhecimento. Desse modo, o principal objetivo da terceira etapa é promover situações desafiadoras a partir das próprias jogadas e permitir que os sujeitos analisem, questionem, enfim, tomem consciência sobre a ação de jogar, diminuindo o fator sorte e as jogadas por ensaio-e-erro. A esse respeito, Brenelli (1993) diz que no processo de intervenção por meio de jogos, ao se oportunizar que o sujeito constate os erros e lacunas, favorece-se a tomada de consciência, condição necessária para a construção de novas estratégias.

Por fim, a quarta etapa consiste em análises do jogar por meio de situações-problemas tematizadas sobre suas próprias experiências, analisando o jogo sob um outro ponto de vista, buscando também favorecer a reconstituição das jogadas e a tomada de consciência sobre as ações executadas. Nesse caso, o que se propõe é que o professor ou o psicopedagogo observem a compreensão que as crianças tiveram do jogo, seja em relação às regras ou situações-problema, por meio de registros das partidas, situações-hipotéticas, desenhos, entre outros, que possibilitem desencadear reflexões e questionamentos sobre os aspectos que podem ser aprimorados por parte dos jogadores.

Considerando esses pressupostos, as situações que passaremos a apresentar podem servir de sugestão para o trabalho do pedagogo e do psicopedagogo, tanto no que se refere à avaliação como a momentos de intervenção, lembrando que nem sempre esses processos se separam.

Dentre os inúmeros jogos possíveis abordaremos, a seguir, as ações a partir do Jogo Kalah.

## AVALIANDO E INTERVINDO COM O JOGO KALAH

O Kalah é um jogo africano dentre os mais antigos do mundo, provavelmente originado no Egito. É considerado o "pai" dos jogos da família dos Mancalas. Os fundamentos deste tipo de jogos consistem em semear ou capturar sementes que são distribuídas em covas alinhadas em duas fileiras paralelas. O objetivo do jogo é "colher" o maior número de sementes para o oásis ou Kalah (cova maior à direita do jogador). A Figura 1 ilustra como é o tabuleiro desse jogo.

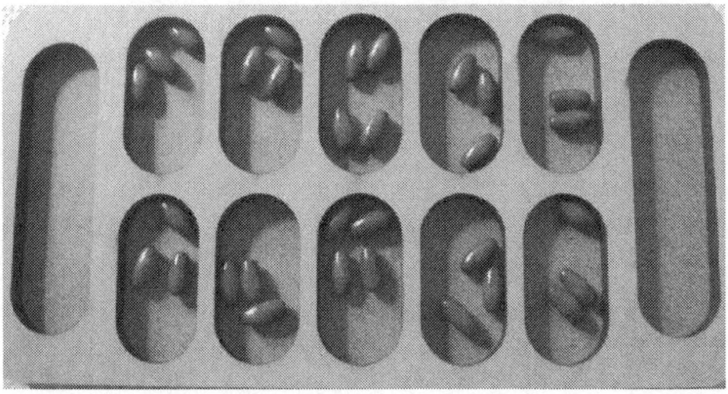

Figura 1 – Tabuleiro do jogo Kalah

Fonte: Imagem retirada pelas autoras.

O jogo é composto por um tabuleiro com 12 cavidades e 32 sementes, jogado por dois jogadores. Para o início da partida, são distribuídas 32 sementes, depositando-se 3 em cada cova do tabuleiro, exceto na cova do meio onde ficam 4 sementes; cada Kalah inicia o jogo vazio. Os jogadores se alternam fazendo a semeadura anti-horário, sendo que a cada jogada só é possível movimentar as sementes de uma cova por vez. Assim, se houver na cova escolhida 5 sementes, o jogador deverá distribuí-las, colocando uma a uma, nas covas subsequentes, exceto se passar pelo Kalah do adversário que deverá ser "pulado". O jogo se encerra quando as sementes de um dos jogadores tiverem acabado, vencendo quem conseguir colher mais sementes para o seu Kalah.

Além destas regras básicas, o jogo possui outras duas regras especiais: conquistar a chance de jogar novamente e capturar sementes do adversário. A primeira ocorre quando, ao se realizar a semeadura, a última semente for depositada no próprio Kalah; o jogador poderá então jogar outra vez. Quanto à segunda, se ao realizar a semeadura a última semente parar em uma cova vazia, localizada do seu lado, é possível capturar as sementes do adversário que estiverem na cova em frente à casa vazia e depositá-las em seu próprio Kalah.

Ao precisar criar estratégias para vencer o jogo, ocorre o desencadeamento de situações-problema que requerem dos jogadores a realização de correspondências termo a termo, a comparação de quantidades de sementes mediante o estabelecimento de relações de igualdade ou não, a divisão de quantidades em partes iguais, a quantificação de sementes que, entre outros, também solicitam constantemente a construção da estrutura de conservação das quantidades discretas ou descontínuas. Ademais, para atingir um bom nível de jogo, os jogadores precisam antecipar as jogadas tanto suas quanto do adversário, julgando qual a cova melhor para movimentar as sementes, o que envolve necessariamente a realização de cálculos mentais. Por exemplo, quantas sementes são necessárias ter na primeira cova (da esquerda para a direita) para conseguir a chance de jogar novamente? Ou ainda, se movimentar determinada cova, deixando-a vazia, o adversário precisará ter quantas sementes para realizar uma captura?

Desse modo, o conceito de adição é bastante propício para ser explorado ao movimentarem as peças, ao compararem o total de sementes conquistadas pelos jogadores, identificando quem tem mais, menos ou a mesma quantidade, ou ainda, a ideia de divisão, pois as crianças precisam distribuir igualmente as sementes tanto entre elas (16 para cada) quanto para depositar nas covas antes de iniciar o jogo.

Outros dois conceitos matemáticos importantes que podem ser trabalhados nesse jogo são as noções de tempo e espaço, pois, de acordo com Macedo, Petty e Passos (2000), o tempo, nesse caso, pode ser entendido como consequência dos deslocamentos realizados; e o espaço consiste na configuração espacial do tabuleiro modificada a cada jogada, o que requer sempre a avaliação das próximas ações em função de uma nova disposição das sementes.

A partir do exposto, elaboramos um conjunto de indicadores que podem ajudar a direcionar o olhar do profissional bem como identificar o nível de conduta do jogador, sistematizados no Quadro 1.

| Jogo: Kalah | | | | |
|---|---|---|---|---|
| **Objetivo do jogo**: Colher mais sementes para o próprio Kalah. | | | | |
| **Jogador**: | | | | |
| **Data:** | 1.º dia<br>___/___/___ | | | |
| **Itens a serem observados** | AN | R | AV | F |
| Iguala quantidades fazendo relações termo a termo? | | | | |
| Semeia as sementes na direção correta? (Sentido horário) | | | | |
| Inicia as jogadas na 3.ª casa? | | | | |
| Considera o adversário para coordenar ataques e defesas ou fixa-se somente em suas próprias sementes? | | | | |
| Há indícios de planejamento na escolha de casas a serem movimentadas? | | | | |
| Identifica as possibilidades de capturar sementes, demonstrando planejamento de jogadas? | | | | |
| Identifica quando a última semente cai no Kalah e pode jogar novamente? | | | | |
| Demonstra planejamento das jogadas para que a última semente caia no Kalah? | | | | |
| Consegue antecipar em qual cova a última semente cairá? | | | | |
| Quantifica as sementes? | | | | |
| Identifica quantidades para resolver situações-problemas no jogo envolvendo conceitos correspondente ao "mesmo tanto" "mesma quantidade"? | | | | |
| Identifica quantidades para resolver situações-problemas no jogo envolvendo conceitos correspondente a "tem mais que"? | | | | |
| Identifica quantidades para resolver situações-problema no jogo envolvendo conceitos correspondente a "tem menos que"? | | | | |
| Compara as quantidades de sementes em seu Kalah e no do adversário? | | | | |

Quadro 1 – Indicadores de Observação da conduta da criança ao jogar Kalah.
Legenda: AN – Ainda Não/ R – Raramente/ AV – Às vezes/ F- Frequentemente

Fonte: Elaborado pelas autoras.

A partir desse instrumento, o profissional poderá identificar e analisar quais os erros cometidos pelo jogador e verificar sua natureza, isto é, se decorrem da compreensão das regras ou se trata de uma limitação correspondente ao nível de desenvolvimento do sujeito. Ressalta-se que esse protocolo de observação pode ser utilizado em diferentes momentos e os indicadores modificados de acordo com o objetivo do jogo e o que se pretende avaliar.

Ao profissional é importante compreender que os itens sugeridos não devem ser preenchidos de forma mecânica e automática, mas sim, servirem como instrumento de reflexão, de modo a reconhecer os aspectos que precisam ser melhorados pelo aluno, quais modificações são necessárias realizar na estrutura do jogo realizando-se adaptações ao nível de compreensão do sujeito, entre outros.

A seguir, reunimos alguns procedimentos de intervenção pedagógica baseados nas pesquisas de Gonçalves (2020), Macedo, Petty e Passos (2000) e Zaia (1996) que serão apresentados a partir de ações intencionais como o jogo "Kalah", cujo objetivo é explorar conceitos matemáticos que envolvem principalmente a noção de conservação das quantidades discretas.

## PROCEDIMENTOS DE INTERVENÇÃO – 1.ª ETAPA

Apresentar o jogo às crianças que estão interessadas em jogar, criando situações para exploração das peças e das regras, de modo a observar suas semelhanças e diferenças, bem como identificar como elas estabelecem relações de quantidades. Para isso, as questões a seguir são essenciais:

**a)** O que vocês podem me dizer sobre essas coisas? Do que são feitos?

**b)** Quantas sementes podem ser colocadas em cada cavidade?

**c)** Quantas sementes há no total?

**d)** Cada jogador inicia com o mesmo tanto de sementes? Como vocês sabem disso? De que maneira vocês poderiam distribuir as sementes de modo que todos recebam a mesma quantidade?

**e)** Em que direção as sementes devem ser semeadas?

**f)** Quais casas o jogador pode movimentar na sua vez?

**g)** Quando está jogando e o jogador passa pelo Kalah do adversário, o que ele deve fazer?

**h)** Quando termina o jogo?

**i)** Quem vence o jogo?

É importante, nesse primeiro momento, deixar as crianças jogarem algumas partidas, observando se compreenderam as regras do jogo. Além disso, as regras especiais devem ser inseridas apenas quando os alunos tiverem compreendido a dinâmica de semeadura desse jogo, isto é, as regras básicas, pois corre-se o risco de as crianças perderem o interesse de jogar em razão da complexidade que existe ao precisar coordenar todas as regras (básicas e especiais) simultaneamente.

### PROCEDIMENTOS DE INTERVENÇÃO – 2.ª ETAPA

Relembrar as regras do jogo, realizando algumas partidas livres para observar as estratégias adotadas pelas crianças. Para isso, os indicadores de observação, apresentados anteriormente na Figura 2, são instrumentos propícios ao professor ou psicopedagogo nesse momento. Algumas sugestões de intervenção que o profissional poderá fazer de modo a provocar a reflexão sobre as estratégias utilizadas são:

**a)** Se você escolher esta cova, onde você acha que irá colocar sua última semente?

**b)** O que você pode fazer para colocar mais sementes em seu Kalah?

**c)** Há possibilidade de um jogador jogar mais de uma vez seguida?

**d)** Inserir uma regra especial para aqueles que já compreenderam a semeadura.

**e)** Quantas sementes são necessárias para que você consiga jogar novamente?

### PROCEDIMENTOS DE INTERVENÇÃO – 3.ª ETAPA

Jogar algumas partidas observando as estratégias e a compreensão do jogo pelas crianças. Durante as partidas, o professor ou psicopedagogo poderá criar situações-problemas a partir das jogadas explorando os objetivos estabelecidos com o jogo, nesse caso, relações de quantidade:

**a)** Inserir a segunda regra especial: captura de sementes.

**b)** Quando é possível capturar sementes?

**c)** Nesta rodada, há possibilidade de algum jogador capturar sementes do outro?

**d)** Há possibilidade de ter um vencedor nesta rodada? Para isso, o que precisaria acontecer?

**e)** Faz diferença a cova que você escolhe para iniciar o jogo? Por quê?

**f)** Agora é a vez de o seu colega jogar, se você fosse ele qual jogada faria?

**g)** Você tem mais, menos ou o mesmo tanto de sementes em seu Kalah em relação ao do seu adversário?

**h)** O que você precisa fazer para ficar com mais sementes em seu Kalah do que seu colega? E menos? E a mesma quantidade?

### PROCEDIMENTOS DE INTERVENÇÃO – 4.ª ETAPA

Após algumas partidas com o jogo, o professor ou psicopedagogo poderá propor diferentes maneiras de registro do jogo. Apresentamos a seguir duas sugestões: a primeira consiste em situações hipotéticas que envolvem pensar sobre as estratégias mais adequadas diante do contexto exposto e a segunda propõe registrar os pontos durante uma partida e, posteriormente, questões que propiciem pensar sobre relações de quantidade.

## A) SITUAÇÕES HIPOTÉTICAS

1) Imagine que você é o jogador 1 e iniciará a seguinte partida. Por qual casa você começaria jogando? Por quê?

Figura 2 – Situação Hipotética do jogo Kalah – n.º 1

Fonte: Recuperado de "Intervenção Pedagógica com jogos concretos e eletrônicos para a construção de estruturas cognitivas: um estudo piagetiano" de E. C. Gonçalves, 2020, Dissertação de Mestrado em Educação, Faculdade de Filosofia e Ciências, Universidade Estadual Paulista, p. 230.

2) Veja a situação a seguir de uma partida de Kalah. Na sua vez de jogar, o jogador 2 optou por movimentar as sementes da casa 4 (parte inferior do tabuleiro, da esquerda para a direita) dizendo que seria a jogada mais vantajosa a se fazer nesse momento, pois iria conquistar 1 semente para seu Kalah. O que você acha da estratégia utilizada por ele? Você faria diferente? Justifique sua resposta.

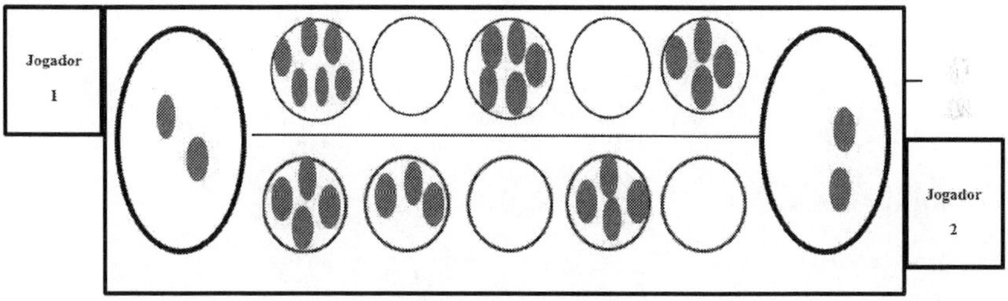


Figura 3 – Situação Hipotética do jogo Kalah – n.º 2

Fonte: Recuperado de "Intervenção Pedagógica com jogos concretos e eletrônicos para a construção de estruturas cognitivas: um estudo piagetiano" de E. C. Gonçalves, 2020, Dissertação de Mestrado em Educação, Faculdade de Filosofia e Ciências, Universidade Estadual Paulista, p. 230.

## B) REGISTRO DOS PONTOS OBTIDOS A CADA RODADA

**Contextualização:** Temos nos divertido muito com o jogo Kalah. Que tal registrarmos os pontos desta partida e ver quem consegue capturar mais sementes para o seu Kalah?

| Jogadores | | |
| --- | --- | --- |
| Rodadas | Quantidade de sementes no Kalah do jogador 1 | Quantidade de sementes no Kalah do jogador 2 |
| | | |
| | | |
| | | |
| | | |
| | | |
| | | |
| | | |
| | | |
| | | |
| | | |
| | | |
| | | |
| TOTAL DE SEMENTES | | |

Figura 4 – Modelo de tabela para registrar os pontos durante a partida com o jogo Kalah

Fonte: Recuperado de "Intervenção Pedagógica com jogos concretos e eletrônicos para a construção de estruturas cognitivas: um estudo piagetiano" de E. C. Gonçalves, 2020, Dissertação de Mestrado em Educação, Faculdade de Filosofia e Ciências, Universidade Estadual Paulista, p. 232.

Ao terminar a partida e registrar os pontos, pode-se propor as seguintes questões:

- Qual foi a rodada em que você conseguiu capturar mais sementes para o Kalah?
- Observe a rodada "X". O que precisaria acontecer para o jogo empatar?
- Quantas sementes o jogador que ficou com menos, ao término da partida, precisaria ter para vencer o jogo?
- Como foi brincar com este jogo para você? Registre com palavras, desenhos.

## CONSIDERAÇÕES FINAIS

As sugestões de intervenção aqui descritas não devem ser tomadas como uma prescrição a todos os indivíduos, sendo indispensável o papel do profissional no trabalho com jogos considerar os interesses, as necessidades e o nível de desenvolvimento do sujeito com o qual se está trabalhando, pois é ele quem deve propor facilitadores e introduzir novos desafios gradativamente. Assim, muitas modificações podem ser introduzidas nas jogadas e na criação de novas situações-problemas.

Da mesma maneira, outros desafios envolvendo, por exemplo, ações de contar, realização de operações, comparações e registros podem e devem ser criados pelo professor ou pelo psicopedagogo com o objetivo de favorecer a construção de estruturas cognitivas e noções aritméticas. As pesquisas já nos demonstram que isso é possível, há bastante tempo.

Além do mais, o contexto lúdico e motivador do jogo pode ser uma excelente oportunidade de uma criança com dificuldades e, muitas vezes, com uma crença negativa sobre sua capacidade de aprender matemática, realizar inúmeras operações sem que isso lhe seja ainda mais doloroso.

## REFERÊNCIAS


APA. American Psychiatric Association. **Manual Diagnóstico e Estatístico de Transtornos Mentais:** DSM-5 Porto Alegre: Artmed, 2014.

BESSA, S. Aritmética no Ensino Fundamental: a operação de adição. *In:* BESSA, S. (org.). **Processos de ensino e aprendizagem de matemática – formulações de professores e estudantes**. Curitiba, PR/ Brasil: Appris, 2020. p. 33-44.

BOSSA, N. A. **Discalculia e TDAH [DVD]**. Brasil: Atta Mídia, 2014.

BRENELLI, R. P. **Intervenção pedagógica, via jogos quilles e cilada, para favorecer a construção de estruturas operatórias e noções aritméticas em crianças com dificuldades de aprendizagem**. Orientador: Orly Zucatto Mantovani de Assis. 1993. 361 f. Tese (Doutorado em Educação) – Faculdade de Educação, Universidade Estadual de Campinas, Campinas, 1993.

CAMARGO, R. L. **Intervenção psicopedagógica e dificuldades de aprendizagem matemática.** 2016. Tese (Livre Docência) – Escola Superior de Agricultura "Luiz de Queiroz", Universidade de São Paulo, Piracicaba, 2016.

CARVALHO, L.C.; ASSIS, O. A psicogênese das estruturas cognitivas de crianças com dificuldades de aprendizagem e a noção de multiplicação. **Brazilian Journal of Development**, v. 6, n.10, p. 77903-77917, 2020. doi: 10.34117/bjdv6n10-280

DIAS, L. P. **A construção do conhecimento em crianças com dificuldades em matemática utilizando o jogo de regras mancala**. Orientador: Rosely Palermo Brenelli. 2009. 176 f. Dissertação (Mestrado em Educação) – Faculdade de Educação, Universidade Estadual de Campinas, Campinas, 2009.

GONÇALVES, E.C. **Intervenção Pedagógica com jogos concretos e eletrônicos para a construção de estruturas cognitivas**: um estudo piagetiano. Orientador: Eliane Giachetto Saravali. 2020. 248 f. Dissertação (Mestrado em Educação) – Faculdade de Filosofia e Ciências, Universidade Estadual Paulista (Unesp), Marília-SP, 2020.

KAMII, C. Material Dourado: Qual seu valor educacional? *In:* Assis, O.; MOLINARI, A.; ZAIA, L.; RABIOGLIO, M.; BESSA, S. (org.). **O desafio de ensinar e aprender matemática na educação básica**. Campinas, SP/Brasil: FE/UNICAMP, 2011. p.13-26.

KAMII, C.; DOMINICK, A. Os efeitos nocivos do ensino do "vai um" e "empresta um" do 1.º ao 4.º ano do Ensino Fundamental. *In:* MOLINARI, A.; ZAIA, L.; ORTIZ, M.; RABIOGLIO, M.; ASSIS, O.; BESSA, S. **Aprender Matemática e conquistar a autonomia**. Campinas, SP/Brasil: Book Editora, 2014. p. 65-80.

KAMII, C.; JOSEPH, L. L. **Crianças pequenas continuam reinventado a aritmética (séries iniciais)**: implicações da teoria de Piaget. Porto Alegre, RS: Artmed, 2005.

LEITE, E.; ASSIS, O. Nível operatório e psicogênese da noção de soma no desempenho escolar. *In:* ASSIS, O.; MOLINARI, A.; SCRIPTORI, C.; ZAIA, L.; RABIOGLIO, M.; BESSA, S. (org.). **Educação matemática**: uma contribuição para a formação continuada de professores. Campinas, SP/Brasil: Book Editora, 2013. p. 153-165.

MACEDO, L. Os jogos e sua importância na escola. **Caderno de Pesquisa**, São Paulo, n. 93, p. 5-10, 1995. São Paulo.

MACEDO, L.; PETTY, A. L.; PASSOS, N. C. **Aprender com jogos e situações-problema.** Porto Alegre: Artmed, 2000.

MOLINARI, A. O processo de solução de problemas e a divisão aritmética. *In:* BESSA, S. (org.). **Processos de ensino e aprendizagem de matemática – formulações de professores e estudantes.** Curitiba, PR/ Brasil: Appris, 2020. p. 235-262.

PIAGET, J. **A formação do símbolo na criança**: imitação, jogo e sonho, imagem e representação. Rio de Janeiro: Zahar, 2015. (Obra original publicada em 1945)

PIAGET, J. (1971). **Para onde vai a educação?** Rio de Janeiro: José Olympio, 1971. (Obra original publicada em 1948).

RABIOGLIO, M. Exercitando o cálculo mental em jogos. *In:* BESSA, S. (org.), **Processos de ensino e aprendizagem de matemática – formulações de professores e estudantes**. Curitiba, PR/ Brasil: Appris, 2020. p. 155-176.

ROSSETTI, C. B.; MISSAWA, D. D. (2008). Desempenho de crianças com e sem dificuldade de atenção no jogo Mancala. **Arquivos brasileiros de psicologia**, v. 60, n. 2, p. 60-74, 2008.

SANTOS, C.C.; ORTEGA, A.C. O jogo de regras como recurso para avaliação e intervenção: um estudo piagetiano com adolescentes. **Ciências e Cognição,** v. 14, n. 1, p. 26-49, 2009.

SARAVALI, E. G. Intervenção psicopedagógica na construção da noção de multiplicação. **Cadernos de Educação**, v. 24, p. 199-219, 2005.

SILVA, M. J. C. **As estratégias no jogo Quarto e suas relações com a resolução de problemas matemáticos**. Orientador: Rosely Palermo Brenelli. 2008. 204 f. Tese (Doutorado em Educação) – Faculdade de Educação, Universidade Estadual de Campinas, Campinas, 2008.

ZAIA, L. L. **A solicitação de meio e a construção das estruturas operatórias em crianças com dificuldades de aprendizagem**. Orientador: Orly Z. Mantovani de Assis. 1996. 255 f. Tese (Doutorado em Psicologia Educacional) – Faculdade de Educação, Universidade Estadual de Campinas, Campinas, 1996.

# CONTRIBUIÇÃO DA PEDAGOGIA NA ADAPTAÇÃO CURRICULAR DE ESCOLARES COM DISCALCULIA

Miryan Cristina Buzetti

A Discalculia é um Transtorno Específico da Aprendizagem caracterizado por uma dificuldade no processamento numérico e em cálculos básicos e como consequência o aluno apresenta baixo desempenho acadêmico, sendo necessário avaliar as habilidades comprometidas, monitorar o desempenho do aluno para poder oferecer uma adaptação curricular mais adequada. Conhecendo o transtorno e o processo de aprendizagem, torna-se mais fácil buscar práticas pedagógicas assertivas.

## O ALUNO COM DISCALCULIA

Habilidades matemáticas como somar, subtrair, dividir, multiplicar e tantas outras são utilizadas frequentemente no cotidiano das pessoas. Dominar tais habilidades é importante não somente na vida escolar como na sociedade como um todo, para que isso aconteça é importante trabalhar e estimular as habilidades desde a Educação Infantil, mesmo em situações lúdicas que envolvam maior/menor, mais/menos, dentro/fora, entre outros conceitos. Haase *et al.* (2011) afirmam que trabalhar com as habilidades matemáticas desde a Educação Infantil facilita o desempenho do aluno, além de evidenciar os alunos que apresentam alguma dificuldade, os autores apontam que dificuldades no processamento numérico e em cálculos básicos são fortes indícios para a Discalculia (Transtorno Específico de Aprendizagem), sendo uma dificuldade crônica que afeta de 3% a 6% dos alunos.

De acordo com o DSM-V,

> Discalculia é um termo alternativo usado em referência a um padrão de dificuldades caracterizado por problemas no processamento de informações numéricas, aprendizagem de fatos aritméticos e realização de cálculos precisos ou fluentes. Se o termo discalculia for usado para especificar esse padrão particular de dificuldades matemáticas, é importante também especificar quaisquer dificuldades adicionais que estejam presentes, tais como dificuldades no raciocínio matemático ou na precisão na leitura de palavras (Apa, 2014, p. 67).

Ainda, de acordo com o DSM-V (APA, 2014), o Transtorno Específico de Aprendizagem com prejuízo na Matemática envolve:

- Senso numérico
- Memorização de fatos aritméticos
- Precisão ou fluência de cálculo
- Precisão no raciocínio matemático

Kosc (1974) apresentou uma divisão da Discalculia, descrevendo seis tipos, sendo eles:

1. Dificuldade em designar quantidade e números de coisas, dígitos, símbolos operacionais (Discalculia verbal);
2. Dificuldade de manipulação matemática de objetos reais ou figuras, assim como a enumeração e comparação de estimação de quantidade (Discalculia practognóstica);
3. Dificuldade na leitura de dígitos, números, sinais de operações e operações matemáticas escritas (Discalculia léxica);
4. Dificuldade em manipular símbolos matemáticos na escrita, ocorre com frequência em alunos que apresentam Disgrafia ou Dislexia (Discalculia gráfica);
5. Dificuldade em entender ideias e relações matemáticas e fazer cálculos mentais (Discalculia ideognóstica);
6. Dificuldade em manipular operações matemáticas, principalmente relacionada ao uso dos dedos para auxiliar no cálculo (Discalculia operacional).

A descrição apresentada tanto no DSM-V quanto feita por Kosc (1974) apontam aspectos que o professor consegue observar em sala de aula que podem estar prejudicados, tendo o conhecimento do processo de aprendizagem, das habilidades que podem estar comprometidas com o transtorno e do currículo que precisa ser desenvolvido fica mais fácil para o professor elaborar o plano de ensino, intervir, monitorar o desempenho do aluno e avaliar. Para facilitar o monitoramento e o trabalho do professor, poderão ser elaboradas listas com critérios de avaliação da aprendizagem conforme descritas abaixo.

| Habilidade para Educação Infantil | sim | não |
|---|---|---|
| Dificuldade na identificação de números | | |
| Compreensão de quantidade | | |
| Precisão de contagem | | |
| Compreende que o último objeto contato representa o número de elementos | | |
| Identifica conjunto pequeno sem contar um a um | | |
| Resolve problemas simples de adição | | |
| Resolve problemas simples de subtração | | |
| Ordena objetos de acordo com uma determinada característica | | |
| Nomeia e identifica formas geométricas | | |

Quadro 1 – Habilidades matemática para Educação Infantil

**Fonte:** Geary *et al.* (2007) e Von Aster e Shalev (2007).

Esses aspectos que apresentam prejuízos estão relacionados diretamente a fatores como erro na formação dos numerais (os quais o aluno, na maioria das vezes, representa de maneira invertida), comorbidade com Dislexia, falta de habilidade para calcular somas simples entre outros que podemos observar nas séries iniciais do Ensino Fundamental I.

| Habilidades Séries Iniciais do Ensino Fundamental | sim | não |
|---|---|---|
| Compreende procedimentos aritméticos | | |
| Conhecimento de quantidade totais e parciais | | |
| Faz cálculo mental | | |
| Compreende o sistema cardinal | | |
| Realiza operações aritméticas | | |
| Memorização dos fatos multiplicativos | | |
| Reconhece sistemas de medidas | | |

Quadro 2 – Habilidades matemáticas nas Séries Iniciais

Fonte: Geary *et al.* (2007) e Von Aster e Shalev (2007).

Os Quadros 1 e 2 são apenas exemplos de controle de aprendizagem, ou *checklists* que o professor poderá criar a partir das habilidades que poderão sofrer prejuízos nos alunos com Discalculia apontadas por publicações como o DSM-V, ou o professor poderá levantar tais habilidades do plano de ensino ou até mesmo da Base Nacional Comum Curricular – BNCC. O uso desse tipo de recurso pelo professor evidencia as habilidades que os alunos já dominam e quais precisam ser ainda desenvolvidas ou que apresentam alguma dificuldade, sendo possível mapear as necessidades e monitorar o desenvolvimento e a intervenção de maneira mais assertiva.

Para que o *checklist* atenda de maneira adequada a necessidade do professor, é preciso ter clareza também do desenvolvimento das habilidades ao longo da vida, para assim poder relacionar melhor o desenvolvimento do aluno e o currículo estabelecido.

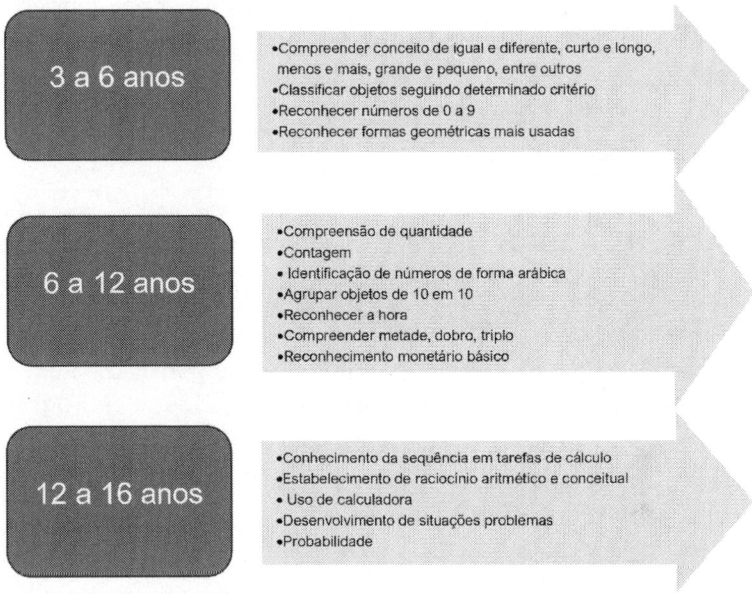


Figura 1 – Desenvolvimento das Habilidades Matemáticas

Fonte: Geary *et al.* (2007) e Jacob e Nieder (2008).

Quando o professor apresenta conhecimento sobre o processo de aprendizagem, torna-se mais fácil então articular com o currículo e estruturar a adaptação necessária para atender o aluno com Discalculia. A necessidade desse conhecimento é reforçada quando Germano e Capellini (2019) apresentam um exemplo da demanda cognitiva requerida do aluno ao realizar uma operação aritmética simples, pois de acordo com as autoras para a resolução da operação "3+4" o aluno realiza as seguintes etapas:

1. Propriedade do número, ou seja, ter percepção sobre o sentido do número;
2. Fazer associação correta entre o conceito e o símbolo do número;
3. Decodificar e interpretar o símbolo de descreve a operação aritmética, nesse exemplo, o símbolo de adição.

Além dessas etapas cognitivas, as autoras apontam que para realizar essa operação o aluno ainda requer de funções cognitivas como linguagem, memória operacional, monitoramento de erros, comutação de regras.

Segundo McDougal *et al.* (2010), o monitoramento sistemático e o ajuste na intervenção poderão prevenir futuros prejuízos, nesse sentido, quando o professor conseguir identificar com clareza as habilidades que apresentam prejuízos ou defasagem será possível propor intervenção e adaptação que de fato auxilie o aluno.

## O TRABALHO PEDAGÓGICO E O ALUNO COM DISCALCULIA

O baixo desempenho acadêmico em Matemática é resultado de um perfil individual com pontos fortes e fracos, envolvendo dificuldades específicas demandando então uma intervenção planejada e o acompanhamento constante do desenvolvimento. Sammons (2008) faz um levantamento das características chave para uma escola de sucesso, que consegue superar as dificuldades apresentadas pelos alunos e reduzir o baixo desempenho acadêmico. Entre essas características destaca-se:

- Liderança escolar firme e objetiva
- Prática consistente
- Um ambiente de trabalho ordenado e atraente
- Maximização do tempo de aprendizagem
- Ensino e objetivos claros
- Aulas bem estruturada
- Ensino adaptável
- Fornecimento de desafios intelectuais
- Monitoramento do desempenho do aluno
- Parceria família – escola

Seguindo esse levantamento destacamos na prática do professor a necessidade de dominar o currículo para planejar aulas estruturadas, possíveis de adaptações, com objetivos claros para monitoramento e avaliação.

O monitoramento está relacionado com observação das ações, enquanto a avaliação é a medição da efetividade das ações. Ao pensar em monitoramento da aprendizagem relacionamos diretamente com o cumprimento do plano de ensino e objetivos e como o aluno está desempenhando as tarefas, já a avaliação certifica se o ensino está sendo efetivo, sendo possível ser analisado para buscar adaptações e ajustes quando necessário. Mas tanto sobre monitoramento quanto sobre avaliação é importante ter clareza de que o objetivo não é avaliar pessoas, mas o desenvolvimento, o processo de implementação das ações e o quanto essas ações impactaram na aprendizagem dos alunos.

Com o monitoramento o professor poderá fazer alguns questionamentos ao longo do ensino:

- Quantas atividades são necessárias para o domínio do conteúdo?
- Qual a frequência a ser oferecido o conteúdo para a aprendizagem do aluno?
- Como organizar o currículo diante da demanda e do tempo?
- Com a intervenção oferecida houve impacto do comportamento do aluno?
- O aluno precisa de mediação ou consegue executar a atividade sozinho?
- O aluno consegue generalizar o conceito desenvolvido?

O monitoramento da aprendizagem deve acontecer durante todo o ano letivo, tendo alguns momentos planejados para avaliar se a aprendizagem está acontecendo. Dessa maneira será possível otimizar recursos e adaptações, permitindo a tomada rápida de decisões evitando o agravamento da dificuldade de aprendizagem.

A intervenção diante da dificuldade apresentada pelo aluno deve ser iniciada o mais precocemente possível (Fuchs; Fuchs, 2007) e ser focada no aspecto que o aluno demonstrou dificuldade na avaliação. Para realizar a intervenção junto ao aluno com discalculia, algumas práticas simples podem ser executadas pelos professores no dia a dia.

- Permitir o uso de calculadora (quando apropriado)
- Recorrer a caderno quadriculado (para auxiliar o aluno na organização espacial, por exemplo)
- Flexibilizar o tempo dedicado em algumas tarefas e avaliação
- Oferecer um leitor, principalmente em atividades de situações problema
- Possibilitar a avaliação oral, quando necessária
- Otimizar a quantidade de tarefas enviadas para casa
- Proporcionar pausas estratégicas no decorrer da aula

- Oferecer as atividades sempre no menos complexo para o mais complexo
- Recorrer ao uso de jogos, quando possível
- Utilizar tecnologia

Bernardi (2014) aponta que a adaptação e intervenção para o trabalho com o aluno com discalculia pode ser dividido em três níveis, nível concreto (atividades com materiais concreto), nível semiconcreto (utilizando desenhos, imagens) e abstrato (atividades apenas com número, com a sistematização de conhecimento). Baseado nesses três níveis, algumas ações pedagógicas relacionadas ao olhar para o currículo e a relação com o aluno poderão auxiliar em sala de aula, como por exemplo:

- Reforçar a linguagem matemática ensinando palavras quantitativas (maior, menor, menos, igual, soma, diferentes)
- Explorar ordem e sequência dos números cardinais e ordinais (dias da semana, meses)
- Permitir tempo extra para tarefas mais complexas
- Utilizar diferentes recursos como apoio, exemplo: caderno quadriculado para organizar as operações
- Oferece apoio visual ao conteúdo trabalhado no momento, cartazes, marca página, tirinhas.
- Incentivar o aluno a falar sobre sua linha de raciocínio ao resolver uma operação ou situação problema

É importante destacar aqui que, para que essas ações tenham sucesso, não basta uma adaptação pontual ou de postura em algumas tarefas, é necessária uma adaptação completa, uma adaptação que aconteça de fato no currículo. De acordo com Barbosa *et al.* (2019, p. 20), para fazer uma "adaptação curricular o professor deve considerar o currículo previsto para o ano escolar" em que o aluno está inserido, para então poder planejar os ajustes, a aula e as ações. O objetivo é superar as barreiras que impedem o aluno de aprender, e a partir daí mapear as habilidades e as práticas a serem trabalhadas.

A ideia de organizar e direcionar o desenvolvimento educacional do aluno fica mais sistemático se o professor elaborar um Plano de Ensino Individualizado (PEI), sendo considerado um documento no qual o professor registra as características de seu aluno, o conhecimento que ele já domina e o que precisa desenvolver. Além de acompanhar o progresso acadêmico, o PEI possibilita uma melhor adequação no planejamento do professor, respeitando as necessidades do aluno, tendo como consequência o oferecimento de maiores oportunidades para que o estudante atinja os objetivos (Kempinski; El Tassa; Cruz, 2015).

Sassaki (1999) apresenta que para construir o PEI o professor deve fazer uma avaliação e conhecer as capacidades e dificuldades do aluno, para traçar esse perfil do aluno ele sugere que o PEI seja organizado em seis áreas de habilidades:

1. Habilidades Acadêmicas (leitura, escrita, matemática)
2. Habilidade de vida diária (locomoção, organização dos pertences, entre outros)
3. Habilidade motora (equilíbrio, coordenação motora)
4. Habilidade social (interação, comportamento em diferentes ambientes)
5. Lazer (passeio, brincar, esporte)
6. Profissional (segue comandos, regras, domina recursos como tecnologia)

A elaboração do PEI não apresenta uma fórmula, tudo depende da necessidade do aluno, dos recursos disponíveis, da proposta do Plano Político Pedagógico da escola, dos profissionais que estão envolvidos, da relação entre escola e família, o importante é conseguir identificar as potencialidades, atentando sempre a evolução da aprendizagem e as necessidades educacionais.

Para que a adaptação curricular traga benefícios para o aluno, o professor precisa levar em consideração:

Figura 2 – Aspectos relevantes na adaptação curricular

Fonte: Elaborado pela autora.

Na escola inclusiva, o foco de atuação do professor deve ser a aprendizagem de todos os alunos, qualquer fator que venha a impedir ou dificultar o processo de aprendizagem precisa ser considerado, tendo esse olhar amplo para a ação docente será possível realizar uma intervenção mais adequada e que traga resultados positivos não somente para o aluno com discalculia, mas para toda a turma, que receberá uma oportunidade de ensino mais significativa e contextualizada.

Um bom ambiente de aprendizagem é criado, e não achado, uma escola inclusiva que tem por objetivo o ensino de todos é construída e edificada diariamente através da prática do professor e de evidências científicas. Diante dessa proposta, na sala de aula algumas posturas irão auxiliar o trabalho do professor, como:

- Ter estratégias claras de condução da sala de aula
- Os alunos devem ter clareza das regras da sala e da escola
- O diálogo entre direção – professor – aluno deve ser constante
- Os alunos devem se sentir seguros no ambiente escolar
- É necessário respeitar todos os agentes presentes no ambiente escolar
- Os alunos devem ter responsabilidade diante de seu comportamento e aprendizagem

Especificamente, em relação a intervenção para o aluno com discalculia, é possível dizer que:

> A intervenção em crianças com discalculia será bem-sucedida quando as noções de números elementares de 0 a 9 (habilidade léxica), a produção de números (habilidade sintática), as noções de quantidade, ordem, tamanho, espaço, distância, hierarquia, os cálculos com quatro operações e o raciocínio matemático forem trabalhados, primeiramente com experiências não-verbais significativas (Bastos, 2006, p. 204).

Uma prática apontada como positiva nessa intervenção e que irá auxiliar todos os alunos da turma é o uso de jogos e atividades lúdicas. O jogo é um recurso que pode ser utilizado para estimular o raciocínio, sendo possível explorar habilidades matemáticas, resgatando o prazer pela aprendizagem.

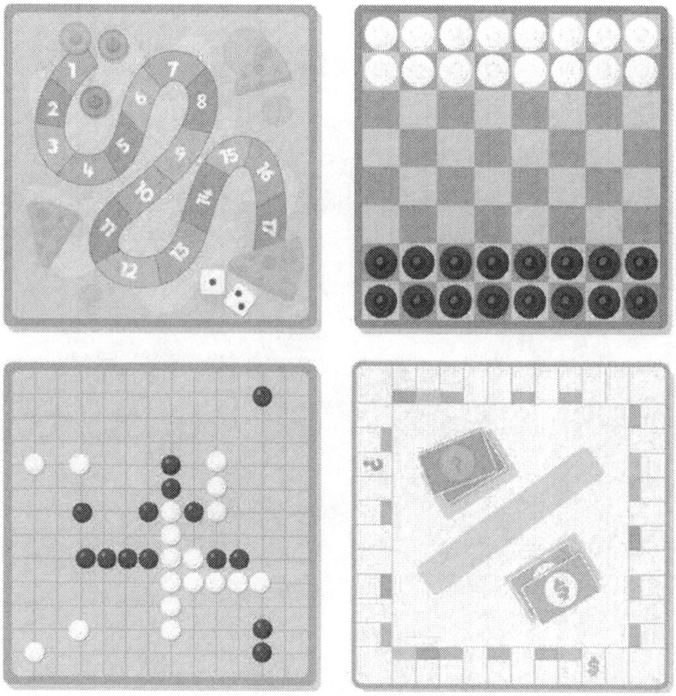

Figura 3 – Uso dos jogos na Matemática
Fonte: Freepik.[1]

---

1 Disponível em: https://br.freepik.com/vetores-gratis/colecao-de-jogos-de tabuleiro_10423614.htm#page=1&query=domino&position=41. Acesso em: 04 dez. 2022.

Alguns jogos auxiliam a desenvolver nos alunos raciocínio lógico, elaboração de estratégias, além é claro de ser possível trabalhar habilidades específicas como sistema monetário, tempo, números ordinais, entre tantas outras. Ao selecionar o jogo para ser trabalhado em sala de aula, o professor precisa observar o perfil do aluno, principalmente no caso do aluno com transtorno específico da aprendizagem, pois dependendo a situação ao invés de auxiliar na aprendizagem o jogo poderá causar um estresse maior e a desistência do aluno em relação a atividade e aprendizagem.

Por isso fique atento sempre a demanda do jogo e os estímulos oferecidos, em alguns casos simples alterações poderão facilitar ou comprometer a execução da tarefa. A figura 1 apresenta um exemplo de jogo de dominó, mas neste caso além da diferença da quantidade de bolinhas pintadas em casa peça há também a questão da diferença de cores.

Figura 4 – Dominó colorido

Fonte: Pixabay.[2]

Agora, observando a figura 2 podemos observar as peças de dominó no qual a única variação é a quantidade de bolinhas pintadas nas peças,

2 Disponível em: https://pixabay.com/pt/photos/domin%C3%B3-jogo-brincadeira-725776/. Acesso em: 04 dez. 2022.

diminuindo assim o número de distratores. Para determinado aluno, as peças coloridas serão mais adequadas pois oferece o estímulo da cor, prendendo a atenção e apresentando uma diversidade visual maior, mas para alguns alunos as peças sem o estímulo da cor poderão favorecer, eliminando distratores e mantendo o objetivo principal do jogo.

Esse tipo de situação poderemos observar em todos os recursos oferecidos ao aluno e nas atividades elaboradas pelo professor.

Figura 5 – Dominó preto e branco

Fonte: Pixabay.3

Dessa maneira, a intervenção e as adaptações devem ser pautadas nas características peculiares de cada aluno e de cada turma, não é porque uma atividade deu certo com uma turma que terá o mesmo resultado com outra turma ou aluno.

## CONSIDERAÇÕES FINAIS

A discalculia é um transtorno específico da aprendizagem que quando identificado pelo professor nas séries iniciais do Ensino

---

**3** Disponível em: https://pixabay.com/pt/photos/domin%C3%B3-pedras-jogar-pedra-jogar-65138/. Acesso em:

Fundamental poderá ser trabalhado e ser oferecido ao aluno a intervenção precoce que irá fazer toda diferença na vida do aluno. Observações simples em sala de aula em aspectos como orientação espacial, resolução de operações matemática, armazenamento de informações, confusões em símbolos numéricos, dificuldade em sequenciação, dificuldade com contagem, entre outros sinais apontados ao longo deste texto poderão auxiliar o professor na observação do aluno e assim fazer uma avaliação das habilidades dominadas pelo aluno e das habilidades esperadas no currículo e analisar especificamente o que está causando o baixo desempenho acadêmico ou a necessidade de encaminhar o aluno para uma avaliação com especialista.

O importante é identificar a não aprendizagem da habilidade o quanto antes, oferecer uma intervenção com as adaptações curriculares necessárias para o aluno e avaliar para verificar se a intervenção foi positiva, nesse sentido para que a adaptação seja adequada é importante realizar uma avaliação e um monitoramento adequado e de qualidade.

## REFERÊNCIAS


APA. American Psychiatric Association. **DSM-5:** manual diagnóstico e estatístico de transtornos mentais. 5. ed. Porto Alegre: Artmed, 2014.

BARBOSA, R.; BUZETTI, M.; COSTA, M. **Educação Especial, Adaptações Curriculares e Inclusão Escolar**: Desafios na Alfabetização. São Carlos: Pedro & João, 2019.

BASTOS, A. A. Discalculia: Transtorno Específico da Habilidade em matemática. *In:* ROTTA, N. T.; OHLWEILER, L.; RIESGO, R. S. (org.). **Transtornos da Aprendizagem**: Abordagem Neuro-biológica e Multidisciplinar. Porto Alegre: Artmed, 2006. p. 196-205.

BERNADRI, J. **Discalculia:** o que é? Como intervir? São Paulo: Paco Editorial, 2014.

FUCHS, L.; FUCHS, D. A model for implementing responsiveness to intervention. **Teaching Exceptional Children**, v. 39, n. 5, p.14-20, 2007.

GEARY, D. C.; HOARD, M. K.; BYRD-CRAVEN, J.; NUGENT, L.; NUMTEE, C. Cognitive mechanisms underlying achievement deficits in children with mathematical learning disability. **Chil development**, v. 8, n. 4, p. 1343-1359, 2007.

GERMANO, G.; CAPELLINI, S. **Compreendendo os transtornos específicos de aprendizagem**. Ribeirão Preto: Booktoy, 2019.

HAASE, V. G.; MOURA, R. J.; PINHEIRO- CHAGAS, P.; WOOD, G. O estatuto nosológico da discalculia do desenvolvimento. *In:* CAPOVILLA, F. C. (org.). **Transtornos de aprendizagem 2**: da análise laboratorial e da reabilitação clínica para as políticas públicas de prevenção pela via da educação. São Paulo: Memnon Edições Científicas, 2011. p. 139-144.

JACOB, N. The ABC of cardinal and ordinal number representations. **Trends in cognitive sciences**, v.12, n. 2, p, 41-43, 2008.

KEMPINSKI, I. V.; EL TASSA, K. O. M.; CRUZ, G. C. Plano Educacional Especializado: Uma proposta de intervenção. **Revista da Sobama**, Marília, v. 16, n. 1, p. 23-32, jan./jun. 2015

KOSC, L. Developmental Dyscalculia. **Journal of Learning Disabilities**. California, n. 7 p. 164-177, mar. 1974.

MCDOUGAL, J.; GRANEY, S.; WRIGHT, J.; ARDOIN, S. **RTI in practice**: A practical guide to implementing effective evidence-based interventions in your school. New Jersey: John Wiley, 2010.

SAMMONS, P. As características-chave das escolas eficazes. *In:* BROOKE, V; SOARES, J. (org.). **Pesquisa em eficácia escolar**: origem e trajetória. Belo Horizonte: Editora UGMG, 2008. p. 335-382.

SASSAKI, R. **Inclusão:** Construindo a Sociedade para todos. Rio de Janeiro: WVA, 1999.

VON ASTER, M. G.; SHALEV, R. S. Number development and developmental dyscalculia. **Developmental Medicine & Child Neurology**, Berlin, Germany, n. 49, p.868-873, jan. 2007.

# RELAÇÃO LINGUAGEM E DISCALCULIA

Júlia Beatriz Lopes Silva

Luana Teixeira Batista

## INTRODUÇÃO

A Matemática é considerada pelos alunos a disciplina mais difícil do currículo, dado que é uma tarefa que depende de muito esforço, de motivação e de postergação de reforço (Mazocco *et al.*, 2012; Geary, 2007). Entretanto, a Matemática não tem sua utilidade restrita apenas à sala de aula, ela é essencial para a vida cotidiana, como ler o preço de um produto no supermercado ou estimar um desconto nas compras. Além disso, a aprendizagem matemática está associada com renda, empregabilidade e saúde mental (Parsons; Bynner, 2005).

O estudo dos fatores que influenciam a aprendizagem da Matemática é, portanto, extremamente relevante para que seja realizada a identificação e remediação destas dificuldades. Diversos aspectos linguísticos influenciam a aquisição de habilidades numéricas. Como a linguagem é uma área bastante ampla, Dowker e Nuerk (2016) sugeriram uma taxonomia que especifica categorias linguísticas e suas respectivas influências na cognição numérica como, por exemplo, aspectos visuoespaciais-ortográficos (direção da escrita de um determinado idioma) e semânticos (significado de palavras como "maior", menor", etc.). Um outro nível sugerido pelos autores refere-se às influências fonológicas, relacionadas ao impacto do processamento fonológico em determinados aspectos da matemática, como nos problemas aritméticos.

Interessantemente, déficits no processamento fonológico são frequentemente encontrados em crianças com Dislexia pura ou também na comorbidade com Discalculia (Vellutino *et al.*, 2004; Simmons; Singleton, 2008). A Dislexia do Desenvolvimento é um transtorno do neurodesenvolvimento bastante heterogêneo, tanto em relação às suas manifestações comportamentais, quanto à sua etiologia (Peixoto *et al.*, 2020). Entretanto, o papel do processamento fonológico na aprendizagem da leitura e escrita já é bastante consolidado na literatura e, nas últimas décadas, pesquisas também têm apontado a influência do processamento fonológico na cognição numérica (Landerl; Bevan; Butterworth, 2004; Landerl *et al.*, 2009, Lopes-Silva *et al.*, 2014, Lopes-Silva *et al.*, 2016, Simmons; Singleton, 2008).

O presente capítulo terá como foco a discussão sobre as influências fonológicas no processamento numérico e na aritmética. Mais especificamente, serão apresentadas características compartilhadas entre os transtornos de aprendizagem de leitura e de Matemática e serão descritos estudos que demonstram de quais formas o processamento fonológico impacta no processamento numérico simbólico. Por fim, estratégias de intervenção para estas dificuldades serão discutidas.

## COMORBIDADE ENTRE DISLEXIA E DISCALCULIA

A Discalculia e a Dislexia do Desenvolvimento são transtornos do neurodesenvolvimento que causam interferência significativa no desempenho escolar do sujeito e não podem ser explicadas por outras causas primárias, como experiências educacionais inadequadas e déficits neurossensoriais (APA, 2013). Por definição, estes transtornos de aprendizagem são específicos, sendo a Dislexia um comprometimento na capacidade de decodificação e fluência de leitura de palavras isoladas, enquanto a Discalculia prejudica a capacidade de manipular quantidades, lidar com o códigos numéricos e realizar cálculos. Entretanto, a coocorrências destes dois prejuízos é muito mais a regra do que a exceção. Apesar da taxa de comorbidade entre os dois transtornos variar entre pesquisas devido aos critérios diagnósticos utilizados, estima-se que entre 11 a 70% de crianças com dificuldade em um destes domínios, também apresente desempenho abaixo da média no outro (Moll *et al.*, 2014). Em um estudo de revisão, Joyner e Wagner (2019) reportaram que indivíduos que apresentam dificuldades de aprendizagem de Matemática têm duas vezes mais chances de também apresentarem dificuldades de leitura quando comparados com quem tem desempenho típico na Matemática.

A alta taxa de comorbidade entre a Dislexia e a Discalculia pode ser explicada por duas hipóteses alternativas referentes aos mecanismos cognitivos que causam os prejuízos de aprendizagem: a Hipótese do Déficit Duplo (*"double-deficit hypothesis"*, Landerl *et al.*, 2009, Landerl; Bevan; Butterworth, 2004) e a Hipótese da Representação Fonológica Fraca (*"weak phonological representation hypothesis"*, Simmons; Singleton, 2008).

A Hipótese do Déficit Duplo sugere que prejuízos no sistema numérico aproximado (*approximante number system*, Piazza, 2010), sistema básico que processa a numerosidade, responsável por direcionar a atenção para a extração espontânea de um número aproximado de objetos em conjuntos, causariam dificuldades na aritmética. A Dislexia, de modo análogo, seria causada especificamente por um déficit no processamento fonológico e o sistema numérico aproximado estaria intacto em muitos casos. O processamento fonológico, por sua vez, é constituído por três componentes: consciência fonológica, resgate lexical e memória fonológica. Tais componentes dizem respeito às habilidades que nos permitem perceber e manipular os fonemas que constituem as palavras, resgatar representações lexicais (lembrar do sentido das palavras), bem como reter temporariamente informações de caráter fonológico (Wagner; Torgesen, 1987). O sistema numérico aproximado seria então o endofenótipo implicado nas dificuldades da Matemática e o processamento fonológico, na leitura (Landerl; Bevan; Butterworth, 2004).

Por outro lado, de acordo com a hipótese de um déficit comum subjacente aos dois transtornos, as dificuldades matemáticas poderiam também ser causadas pelos déficits fonológicos normalmente associados à Dislexia. Assume-se que as representações fonológicas das crianças disléxicas são empobrecidas, o que poderia levar a um mau desempenho em tarefas que envolvem a retenção, recuperação ou manipulação de códigos fonológicos. Esse pressuposto seria válido para as crianças com quadro comórbido de Discalculia e Dislexia, já crianças que apresentam apenas dificuldade na Matemática teriam outro perfil cognitivo (Simmons; Singleton, 2008).

Quais seriam, então, os tipos de dificuldades da Matemática apresentadas por crianças com Dislexia do Desenvolvimento? Como comentado acima, crianças com Dislexia do Desenvolvimento frequentemente apresentam dificuldades no processamento fonológico. Quais são os impactos destas dificuldades fonológicas na aprendizagem da Matemática? Estas questões serão discutidas a seguir.

## QUAIS HABILIDADES MATEMÁTICAS TÊM SIDO ASSOCIADAS AO PROCESSAMENTO FONOLÓGICO?

A Matemática é um domínio complexo, que envolve diferentes habilidades, como discriminar e estimar quantidades, conhecer o código arábico, contar e realizar cálculos aritméticos. Algumas destas envolvem o código verbal e, consequentemente, o processamento fonológico pode influenciar o desempenho em determinadas tarefas.

A transcodificação numérica refere-se à habilidade de estabelecer relações e fazer a conversão entre as representações numéricas verbais e arábicas, por exemplo, escutar a palavra "oito" e saber escrever o numeral arábico "8" (Deloche; Seron, 1987). Para realizar tarefas simples do cotidiano, como ler o preço de um produto no supermercado ou escrever um número de telefone, necessitamos da habilidade de transcodificar. Na escola, é preditora de outras habilidades aritméticas mais complexas no futuro (Moeller *et al.*, 2011).

Dentre os componentes do processamento fonológico, a memória de trabalho tem sido associada ao desempenho da transcodificação. Ela está envolvida com a criação da sequência de dígitos e com o preenchimento dos espaços vazios (Ex. "mil e vinte e quatro" 1 0 2 4) (Barrouillet *et al.*, 2004). Além disso, quanto mais complexo é o numeral a ser escrito, mais a memória de trabalho precisa ser recrutada. (Moura *et al.*, 2013; Zuber *et al.*, 2009).

Além da influência da memória de trabalho, estudos têm mostrado a associação da transcodificação com a consciência fonêmica. Um estudo investigou mecanismos compartilhados e não compartilhados envolvidos na leitura e escrita de palavras e numerais arábicos. Cento e setenta e duas crianças do segundo ao quarto ano foram avaliadas. Os resultados mostraram que todas as tarefas de leitura e escrita de palavras e números foram significativamente correlacionadas entre si. A única variável cognitiva que previu todas as habilidades foi a consciência fonêmica, um dos componentes do processamento fonológico (inteligência e memória de trabalho fonológica e visuoespacial também foram investigadas). Isso sugere que a consciência fonêmica é um mecanismo compartilhado por domínios numéricos e verbais (Lopes-Silva *et al.*, 2016). Além disso, a consciência fonêmica é um mediador da influência da memória de trabalho nas habilidades de transcodificação (Lopes-silva *et al.*, 2014).

Além dos estudos citados acima, Batista *et al.* (em preparação) investigaram a associação entre os componentes do processamento fonológico e da memória de trabalho visuoespacial na transcodificação verbal-arábica e seus tipos de erros (lexicais, sintáticos e combinados). Os erros lexicais ocorrem quando um primitivo no número é alterado, mas sua magnitude permanece correta ("1972" ao invés de "1962"). Os erros sintáticos, por outros lado, ocorrem quando há a alteração da magnitude numérica, como a intrusão de "zeros" ("20018" ao invés de "2018"). Os erros combinados por sua vez são a junção dos erros lexicais e sintáticos acontecendo no mesmo número ("100025" ao invés de "1024"). Os resultados mostraram que os componentes do processamento fonológico foram associados à transcodificação e seus tipos erros. Tanto o acesso lexical, quanto a consciência fonêmica são importantes para a escrita de numerais arábicos.

As dificuldades na transcodificação numérica representam um déficit encontrado nas crianças com Discalculia (Geary *et al.*, 1999; Moura *et al.*, 2013). Moura *et al.* (2013) observaram que as crianças com dificuldade de aprendizagem da Matemática apresentam desempenho pior na transcodificação especialmente em numerais arábicos mais complexos e que possuem zeros internos. Além disso, as evidências sugerem que crianças com Dislexia também apresentam dificuldades com a escrita de numerais arábicos (Teixeira; Moura, 2020). Teixeira e Moura (2020) observaram que crianças com dificuldades de leitura também apresentam dificuldades em escrever números arábicos, cometendo erros sintáticos e lexicais. Essas dificuldades são explicadas essencialmente pelas habilidades de processamento fonológico, principalmente pela consciência fonêmica, mas também pela velocidade de acesso lexical e memória fonológica.

Além do processamento numérico, as habilidades de cálculo também são um aspecto importante da cognição numérica. O desenvolvimento da aritmética consiste na mudança de estratégias utilizadas para resolução de um problema (Siegler, 1996). Inicialmente, estratégias de contagem são utilizadas pelas crianças. A contagem envolve a recuperação dos códigos fonológicos para palavras numéricas enquanto o processo está sendo mantido na memória de trabalho (Geary,1993).

Se inicialmente as crianças utilizam a contagem ou decomposição de um problema em problemas menores, a repetição desses problemas leva à criação de fatos aritméticos. O uso da estratégia de resgate para cálculos aritméticos é mais eficiente, dado que é mais rápido e propenso a menos erros. Sendo assim, o resgate direto das respostas dos problemas sob a forma de fatos aritméticos é aprendido através de estratégias verbais, presumindo-se que sejam armazenados como códigos verbais (Pollack; Ashby, 2018).

Além disso, em um estudo com crianças típicas de 4.ª e 5.ª séries foi encontrado que uma medida de consciência fonêmica estava relacionada especificamente com operações aritméticas envolvendo a manipulação de pequenas magnitudes, que possuíam resultados menores que 25 (De Smedt *et al.*, 2010). A velocidade de recuperação dos códigos fonológicos também tem impacto na eficiência da contagem, que afeta a capacidade aritmética e na recuperação dos fatos aritméticos. (Hecht et al., 2001). Noel, Seron e Trovarelli (2004) investigaram a associação entre a memória de trabalho fonológica e o desempenho em adição em crianças de 6 anos. Os resultados mostraram que a memória de trabalho fonológica previa a utilização de estratégias mais maduras na adição, como a utilização da estratégia de resgate da memória de longo prazo.

Após a contagem, os problemas verbalmente formulados, são umas das primeiras atividades com as quais as crianças estão envolvidas (Nunes; Bryant, 2015). Assim como outras habilidades aritméticas, a complexidade dos problemas depende da mobilização de diversos recursos cognitivos como as habilidades linguísticas, compreensão leitora, inferências verbais, memória de trabalho fonológica, entre outras. É evidente a importância da linguagem no processamento das informações verbais do problema apresentado. A memória de trabalho fonológica, por exemplo, foi associada ao desempenho de crianças na primeira série no desempenho de problemas verbalmente formulados (Rasmussen; Bisanz, 2005).

Em suma, a Matemática envolve a utilização de códigos fonológicos, e muitas das suas habilidades estão relacionadas à linguagem. Leather e Henry (1994) demonstraram que 31% da variação no desempenho aritmético de crianças de 7 anos foi explicado pelo desempenho na consciência fonológica. Os componentes do processamento fonológico também foram relacionados com o desempenho aritmético em diferentes anos escolares (Hecht *et al.*, 2001). O processamento fonológico, portanto, associa-se com habilidades básicas como a transcodificação numérica e contagem, mas também com habilidades aritméticas de cálculos e problemas.

## COMO AJUDAR QUEM TEM DIFICULDADE NA LEITURA E NA MATEMÁTICA?

Apesar da divergência entre estas as hipóteses em relação à causa das altas taxas de coocorrência entre a Discalculia e Dislexia, é inegável que as dificuldades simultâneas na Matemática e na leitura geram um impacto significativo na adaptação funcional do estudante. Como descrito anteriormente, os aspectos verbais da cognição numérica são uma importante fonte de dificuldade para aqueles que também apresentam dificuldades de leitura, entretanto, poucos estudos apresentam estratégias de intervenção na Matemática para disléxicos.

Ao longo da escolarização, a demanda de utilização de códigos verbais para a realização de atividades da Matemática aumenta consideravelmente. De acordo com a Base Nacional Comum Curricular (BNCC) (Brasil, 2018), por exemplo, durante os primeiros cinco anos do Ensino Fundamental, é esperado que as crianças sejam capazes de ler e escrever números, através da compreensão da sintaxe do sistema numérico arábico. Tal habilidade de transcodificação numérica é desafiadora para crianças com Dislexia, principalmente à medida que os números aumentam e envolvem mais regras de conversão (Teixeira; Moura, 2020). Além disso, a necessidade crescente de tomar notas, por exemplo, aumento ao longo dos anos de escolarização (Miles; Miles, 1999).

Trott (2003) sistematizou as dificuldades práticas apresentadas por estudantes universitários com Dislexia nas atividades de Matemática. Segundo a autora, é comum que eles tenham dificuldade em realizar problemas que envolvem várias etapas e no sequenciamento de instruções complexas. Frequentemente, podem apresentar problemas em associar palavras com símbolos e confundir o 0 (zero) com o O (letra o) (Perkin; Croft, 2007). Trott (2003) propôs uma série de recomendações a serem adotadas como tentativa de minimizar as dificuldades matemáticas destes universitários disléxicos, sendo que alguns também podem ser adotados na prática com estudantes do ensino básico, tais como:

- Dividir um problema de muitas etapas no formato passo-a-passo;
- Fornecer diagramas para esclarecer os procedimentos matemáticos;
- Respeitar o ritmo do aluno, para que não ocorra uma sobrecarga que acabará impossibilitando a absorção do conteúdo;

- Organizar o conteúdo do material didático, de modo que diagramas, tabelas e figuras não fiquem em páginas diferentes do texto;
- Fornecer estratégias de revisão, dado que muitos disléxicos terão dificuldades na recordação das informações para as provas, devido aos déficits de memória de trabalho fonológica.
- É importante notar que estudantes que apresentam dificuldades escolares podem apresentar baixa auto-estima (Riddick *et al.*, 1999) e, nesse sentido, é importante que seja realizada uma avaliação adequada do perfil do aluno para uma intervenção eficaz e que permita melhor adaptação psicossocial.

## CONSIDERAÇÕES FINAIS

Neste capítulo, foi discutida a relação entre linguagem, mais especificamente do processamento fonológico e Matemática. Foram apresentadas hipóteses relacionadas à alta taxa de comorbidade entre Dislexia e Discalculia, assim como aspectos da cognição numérica que se associam mais fortemente com o processamento fonológico e sugestões de intervenção.

Os estudos revisados corroboram o papel importante da consciência fonêmica, memória de trabalho fonológica e acesso lexical nas habilidades matemáticas que envolvem o código verbal, como transcodificação, problemas e multiplicação. O envolvimento do processamento fonológico no desenvolvimento das habilidades de leitura e escrita já é bastante conhecido pelos profissionais que trabalham com crianças em idade escolar. Entretanto, é importante que este mecanismo cognitivo também seja levado em consideração na avaliação e intervenção de crianças com dificuldade de aprendizagem da matemática. Além disso, disléxicos também devem ser triados em relação às suas habilidades matemáticas, que podem estar associadamente prejudicadas.

## REFERÊNCIAS

APA. American Psychiatric Association. **Diagnostic and statistical manual of mental disorders (5th ed.)**. Washington, DC: Author, 2013.

BARROUILLET, P.; CAMOS, V.; PERRUCHET, P.; SERON, X. ADAPT: a developmental, asemantic, and procedural model for transcoding from verbal to Arabic numerals. **Psychological Review**, v. 111, n. 2, p. 368-394, 2004. DOI: https://doi.org/10.1037/0033-295x.111.2.368.

BATISTA, L.; GOMIDES, M.; BAHNMUELLER, J.; MOELLER, K.; SALLES, J.; HAASE, V.; LOPES-SILVA, J. **Differential impact of phonological processing components on Arabic number writing.** (in preparation).

BRASIL. Ministério da Educação. **Base Nacional Comum Curricular**. Brasília, 2018.

DE SMEDT, B.; TAYLOR, J.; ARCHIBALD, L.; ANSARI, D. How is phonological processing related to individual differences in children's arithmetic skills? **Developmental Science**, v. 13, n. (3), p. 508–520, 2010. DOI: https://doi.org/10.1111/j.1467-7687.2009.00897.x.

DELOCHE, G.; SERON, X. Numerical transcoding: A general production model. *In:* DELOCHE, G.; SERON, X. **Mathematical disabilities**: A cognitive neuropsychological perspective. Hillsdale, NJ: Lawrence Erlbaum, 1987. p. 137-179.

DOWKER, A.; NUERK, H. C. Linguistic influences on mathematics. **Frontiers in Psychology**, v. 7, n. 1035, 2016. DOI: https://doi.org/10.3389/fpsyg.2016.01035.

GEARY, D. C. Mathematical disabilities: Cognitive, neuropsychological, and genetic components. **Psychological Bulletin**, v. 114, n. 2, p. 345–362, 1993. DOI: 10.1037/0033-2909.114.2.345.

GEARY, D. C. An evolutionary perspective on learning disability in mathematics. **Developmental neuropsychology**, v. 32, n. 1, p. 471–519, 2007. DOI: https://doi.org/10.1080/87565640701360924.

GEARY, D. C.; HOARD, M. K.; HAMSON, C. O. Numerical and arithmetical cognition: Patterns of functions and deficits in children at risk for a mathematical disability. **Journal Experimental Child Psychology**, v. 74, p. 213–239, 1999. DOI: https://doi.org/10.1006/jecp.1999.2515

HECHT, S. A.; TORGESEN, J. K.; WAGNER, R. K.; RASHOTTE, C. A. The relations between phonological processing abilities and emerging individual differences in mathematical computation skills: A longitudinal study from second to fifth grades. **Journal of Experimental Child Psychology**, v. 79, n. 2, p. 192-227, 2001. DOI: https://doi.org/10.1006/jecp.2000.2586.

Joyner, R. E.; Wagner, R. K. Co-Occurrence of reading disabilities and math disabilities: A meta-analysis. **Scientific Studies of Reading**, v. 24, n. 1, p. 14-22, 2019. DOI: 10.1080/10888438.2019.1593420.

LANDERL, K.; BEVAN, A.; BUTTERWORTH, B. Developmental dyscalculia and basic numerical capacities: a study of 8-9-year-old students. **Cognition**, v. 93, n. 2, p. 99-125, 2004.

LANDERL, K.; FUSSENEGGER, B.; MOLL, K.; WILLBURGER, E. Dyslexia and dyscalculia: two learning disorders with different cognitive profiles. **Journal of Experimental Child Psychology**, v. 103, p. 309-324, 2009.

LEATHER, C. V.; HENRY, L. A. Working memory span and phonological awareness tasks as predictors of early reading ability. **Journal of Experimental Child Psychology**, v. 58, n. 1, p. 88-111, 1994. DOI: https://doi.org/10.1006/jecp.1994.1027.

LOPES-SILVA, J. B.; MOURA, R.; JÚLIO-COSTA, A.; GERALDI HAASE, V.; WOOD, G. Phonemic awareness as a pathway to number transcoding. **Frontiers in psychology**, v. 5, n. 13, 2014. DOI: 10.3389/fpsyg.2014.00013.

LOPES-SILVA, J. B.; MOURA, R.; JÚLIO-COSTA, A.; WOOD, G.; SALLES, J. F.; HAASE, V. G. What is specific and what is shared between numbers and words?. **Frontiers in psychology**, v. 7, n. 22, 2016. DOI: 10.3389/fpsyg.2016.00022.

MAZZOCCO, M. M. M.; HANICH, L. B.; NOEDER, M. M. Primary school age students' spontaneous comments about math reveal emerging dispositions linked to later mathematics achievement. **Child Development**, v. 2012, p. 1-12, 2012. DOI: https://doi.org/10.1155/2012/170310.

MILES, T. R.; MILES, E. **Dyslexia a hundred years on**. Buckingham: Open University, 1999.

MOELLER, K.; PIXNER, S.; ZUBER, J.; KAUFMANN, L.; NUERK, H. C. Early place-value understanding as a precursor for later arithmetic performance: A longitudinal study on numerical development. **Research in developmental disabilities**, v. 32, n. 5, p. 1837-1851, 2011. DOI: https://doi.org/10.1016/j.ridd.2011.03.012.

MOLL, K.; KUNZE, S.; NEUHOFF, N.; BRUDER, J.; SCHULTE-KÖRNE, G. Specific learning disorder: Prevalence and gender differences. **PLoS ONE**, v. 9, e103537, 2014. DOI: https://doi.org/10.1371/journal.pone.0103537.

MOURA, R.; LOPES-SILVA, J. B.; VIEIRA, L. R.; PAIVA, G. M.; PRADO, A. C. D. A.; WOOD, G.; HAASE, V. G. From "Five" to 5 for 5 Minutes: Arabic Number Transcoding as a Short, Specific, and Sensitive Screening Tool for Mathematics Learning Difficulties. **Archives of Clinical Neuropsychology**, v. 30, n. 1, p. 88–98, 2015. DOI: https://doi.org/10.1093/arclin/acu071.

MOURA, R.; WOOD, G.; PINHEIRO-CHAGAS, P.; LONNEMANN, J.; KRINZINGER, H.; WILLMES, K.; HAASE, V. G. Transcoding abilities in typical and atypical mathematics achievers: The role of working memory and procedural and lexical competencies. **Journal of Experimental Child Psychology**, v. 116, n. 3, p. 707 727, 2013. DOI: https://doi.org/10.1016/j.jecp.2013.07.008.

NOEL, M.; SERON, X.; TROVARELLI, F. Working memory as a predictor of addition skills and addition strategies in children. **Cahiers de Psychologie Cognitive**, v. 22, p. 3–25, 2004.

NUNES, T.; BRYANT, P. The development of quantitative reasoning. *In:* LIBEN, L. S.; MÜLLER, U. (eds.). **Handbook of child psychology and developmental science**. 7. ed. Wiley, 2015. v. 2. p. 715–764.

PARSONS, S.; BYNNER, J. **Does numeracy matter more?**. National Research and Development Centre for Adult Literacy and Numeracy, 2005

PEIXOTO, C. B.; MURTA, C., A.; MACHADO, J. G. S.; LOPES-SILVA, J. B. Subtipos De Dislexia Do Desenvolvimento: muito além de fonológica e de superfície. **Mosaico**, v. 7, p. 75-102, 2020. DOI: https://periodicos.ufmg.br/index.php/mosaico/article/view/24823

PERKIN, G.; CROFT, T. The dyslexic student and mathematics in higher education. **Dyslexia**, v. 13, n. 3, p. 193–210, 2007. DOI: 10.1002/dys.334.

PIAZZA, M.; FACOETTI, A.; TRUSSARDI, A. N.; BERTELETTI, I.; CONTE, S.; LUCANGELI, D.; ZORZI, M. Developmental trajectory of number acuity reveals a severe impairment in developmental dyscalculia. **Cognition**, v. 116, n. 1, p. 33–41, 2010.

POLLACK, C.; ASHBY, N. C. Where arithmetic and phonology meet: The meta-analytic convergence of arithmetic and phonological processing in the brain. Developmental cognitive neuroscience, v. 30, p. 251-264, 2018. DOI: https://doi.org/10.1016/j.dcn.2017.05.003

RASMUSSEN, C.; BISANZ, J. Representation and working memory in early arithmetic. **Journal of experimental child psychology**, v. 91, n. 2, p. 137-157, 2005. DOI: https://doi.org/10.1016/j.jecp.2005.01.004.

RIDDICK, B.; FARMER, M.; STERLING, C. **Students and dyslexia**: Growing up with a specific learning difficulty. London: Whurr, 1997.

SIEGLER, R. S. Emerging minds: The process of change in children's thinking. Oxford University Press, 1998.

SIMMONS, F. R.; SINGLETON, C. Do weak phonological representations impact on arithmetic development? A review of research into arithmetic and dyslexia. **Dyslexia**, v. 14, n. 2, p. 77-94, 2008.

TEIXEIRA, R. M.; MOURA, R. Arabic number writing in children with developmental dyslexia. **Estudos de Psicologia**, Campinas, v. 37, e180179, 2020. DOI: https://doi.org/10.1590/1982-0275202037e180179.

TROTT, C. Mathematics support for dyslexic students. **MSOR Connections**, v. 3, n. 4, 2003.

VELLUTINO, F. R.; FLETCHER, J. M.; SNOWLING, M. J.; SCANLON, D. M. Specific reading disability (dyslexia): what have we learned in the past four decades? **The Journal of Child Psychology and Psychiatry and Allied Disciplines**, v. 45, n. 1, p. 2-40, 2004.

WAGNER, R. K.; TORGESEN, J. K. The nature of phonological processing and its causal role in the acquisition of reading skills. Psychological Bulletin, v. 101, n. 2, 192–212, 1987. DOI: https://doi.org/10.1037/0033-2909.101.2.192.

ZUBER, J.; PIXNER, S.; MOELLER, K.; NUERK, H.-C. On the language specificity of basic number processing: Transcoding in a language with inversion and its relation to working memory capacity. **Journal of Experimental Child Psychology**, v. 102, n. 1, p. 60–77, 2009. DOI: doi:10.1016/j.jecp.2008.04.003.

# INTERVENÇÃO COM AS ALTERAÇÕES MATEMÁTICAS NO ENSINO FUNDAMENTAL I

Silvia Cristina de Freitas Feldberg

## INTRODUÇÃO

No mundo atual, os números e os diversos tipos de informação por eles veiculados são uma parte essencial da vida cotidiana, necessária tanto para tarefas simples como contar ou identificar as horas, como para tarefas mais complexas como entender análises estatísticas. O sucesso na educação matemática torna-se fundamental para lidar com as demandas numéricas de nossa vida moderna. No entanto, as condições para o sucesso da Matemática não são alcançadas por uma proporção considerável de alunos (Butterworth *et al.*, 2011). Além disso, os défices na aprendizagem matemática têm graves implicações não só para o desempenho escolar, mas também para as oportunidades de emprego (Bynner; Parsons, 1997; Parsons; Bynner, 2005).

Atualmente, a Matemática é considerada uma das competências mais importantes transmitidas na escola. Para Fischer *et al.* (2013), o número de abordagens de intervenções tem aumentado nos últimos anos, devido ao crescente interesse da pesquisa em desenvolvimento numérico. No entanto, essas abordagens diferem em um amplo número de aspectos, sendo fundamental definir qual tipo de intervenção é mais adequado para uma determinada criança e sua condição.

Para o desenvolvimento das habilidades matemáticas, as intervenções e treinamentos existentes em aprendizagem matemática abordam diferentes níveis de proficiência e grupos etários, ocorrem em ambientes diversos, concentram-se em uma única tarefa ou um conjunto de tarefas distintas aplicados por durações diferentes e abordam diferentes tipos de conteúdo numérico (Fischer *et al.*, 2013).

As intervenções que apoiam o desenvolvimento numérico/matemático abordam diferentes níveis de proficiência. Podem se dirigir a crianças já diagnosticadas com Discalculia, nesse caso, seriam projetadas para intervir quando um défice significativo de habilidade numérica não pode ser corrigido pela escola (Kucian *et al.*, 2011). Outras abordagens são projetadas para prevenir o surgimento da Dificuldade de Aprendizagem Matemática em crianças em risco (Wilson *et al.*, 2009) antes que uma intervenção corretiva seja necessária. Frequentemente, elas assumem a forma de educação complementar com foco em métodos de prevenção. E existem abordagens que visam simplesmente desenvolver novas maneiras de treinar habilidades numéricas circunscritas, com a suposição de que os efeitos do treinamento podem se generalizar para outros domínios da cognição numérica (Fischer *et al.*, 2011). Tais intervenções também podem ser interpretadas como tendo características preventivas, ao mesmo tempo em que objetivam aumentar a rapidez e eficácia do ensino segundo Fischer *et al.* (2013).

Infelizmente, não existem no Brasil programas de intervenção cientificamente validados para abordar os défices de cognição matemática de crianças com Discalculia ou com baixo desempenho em Matemática. Desta forma, descreveremos neste capítulo exemplos de intervenções matemáticas de pesquisas internacionais, cientificamente validadas, para a aprendizagem de alunos com défices em Matemática e os diferentes tipos de abordagem em intervenção, voltadas principalmente para o Ensino Fundamental I, no qual poderemos adaptar essas intervenções conforme nossas necessidades.

## INTERVENÇÃO

As intervenções de acordo com Fischer *et al.* (2013) abordam diferentes níveis de escolaridade e grupos de idade, incluindo a Pré-Escola, Ensino Fundamental I e II e, ocasionalmente, Ensino Superior. Alguns deles são projetados para uma faixa etária muito específica (por exemplo, pré-escolares em Ramani e Siegler (2011)), enquanto outros são adequados para uma faixa etária mais ampla (por exemplo, alunos do terceiro ao quinto ano do Ensino Fundamental I em Rock; Courtney; Handwerk (2009)). Nesse contexto, deve-se destacar que uma faixa etária mais ampla exige também uma maior adaptabilidade de um programa de intervenção. Isso pode ser alcançado, segundo Fischer *et al.* (2013), criando e fornecendo diferentes níveis de dificuldade ou diferentes componentes para o tratamento. O nível de classificação abordado, portanto, determina o conteúdo e o planejamento de uma intervenção.

O ambiente de uma intervenção também deve ser levado em consideração. Embora uma intervenção possa ser administrada em um ambiente individual, também existem abordagens aplicadas em duplas, pequenos grupos de no mínimo três participantes, ou mesmo em ambientes de sala de aula (Fischer *et al.*, 2013).

Para Fischer *et al.* (2013), as intervenções podem ter uma única tarefa abordando apenas uma habilidade específica ou um conjunto de diferentes componentes tornando-a adaptável às necessidades particulares de uma determinada criança. Esses diferentes componentes podem variar de fáceis a difíceis e podem ser aplicados de forma modular ordenada ou em ordem flexível. Existem vantagens e desvantagens, de acordo com Fischer *et al.* (2013), nos tipos de intervenções de tarefa única, bem como a de vários componentes. No caso de uma única tarefa de intervenção, as mudanças de desempenho podem ser melhor identificadas para a eficácia da tarefa. No entanto, possíveis benefícios podem não ser obtidos quando a competência relevante é superficialmente treinada por aquela tarefa. Abordagens com múltiplos componentes podem abordar muitas áreas diferentes da aritmética e, portanto, são muito mais propensas a também identificar os défices específicos da criança treinada (Clements & Sarama, 2008). No entanto, no processo de avaliação é difícil determinar quais componentes contribuem para o sucesso da intervenção e os que não contribuem (Fischer *et al.*, 2013).

As intervenções atuais, conforme Fischer *et al.* (2013), variam muito no tempo total dedicado ao treinamento, e até agora não está claro em que duração as intervenções podem gerar o maior ganho de conhecimento. Em sua metanálise, Kroesbergen e van Luit (2003) encontraram uma associação negativa entre a duração do treinamento e o tamanho do efeito e explicaram isso como decorrente do fato de que intervenções curtas geralmente focam em um domínio de conhecimento pequeno e específico que pode ser totalmente adquirido em um curto período de tempo. Isso pode levar a tamanhos de efeito maiores do que as abordagens mais amplas que abordam conteúdos diversos. De qualquer forma, o tempo de intervenção dependerá do tipo de dificuldade apresentado pela criança, do seu engajamento durante o tratamento, além da estimulação recebida no ambiente familiar e na escola. Como já visto, quanto mais precoce for a intervenção, maior serão os ganhos. As atividades de prevenção na Pré-escola (Clements; Sarama, 2008), ou primeiro ano do Ensino Fundamental I (Fuchs *et al.*, 2002) podem melhorar substancialmente o desempenho matemático do aluno.

O conteúdo abordado nas intervenções pode variar de competências numéricas básicas a operações aritméticas complexas. Por exemplo, as intervenções podem abordar habilidades quantitativas e numéricas básicas ou habilidades complexas, como pensamento aritmético e lógica. Em relação à eficácia da intervenção, o treinamento de competências mais básicas mostrou levar a maiores tamanhos de efeito do que o treinamento de conteúdos mais complexos (Kroesbergen; van Luit, 2003). Isso pode ser devido ao fato de que as competências básicas podem ser alcançadas mais facilmente e levar a melhorias em áreas mais complexas da matemática (Fischer *et al.*, 2011; Ramani; Siegler, 2011).

Os alunos com Discalculia, de acordo com Fuchs *et al.* (2008), manifestam maior dificuldade com a contagem (Geary; Bow-Thomas; Yao, 1992). Eles também persistem com estratégias de recuperação imaturas, portanto fracassam na mudança para a recuperação de respostas baseada na memória (Goldman; Pellegrino; Mertz, 1988). Quando as crianças com Discalculia recuperam respostas da memória, cometem mais erros e manifestam velocidades de recuperação desorganizadas comparadas as crianças com desenvolvimento típico (Ostad, 1997).

Adotar medidas precoces pode ser fundamental para ajudar os alunos com Discalculia. Portanto existem algumas medidas necessárias para a detecção precoce, prevenção e apoio a alunos com dificuldades matemáticas, tais como no modelo de reposta à intervenção (RtI): (a) fazer uma triagem de todos os alunos para identificar aqueles em risco de potenciais dificuldades matemáticas e fornecer intervenções aos alunos identificados como em risco; (b) os materiais de instrução para alunos que recebem intervenções devem focar principalmente no ensino aprofundado de números inteiros da Educação Infantil até o 5.º ano e nos números racionais do 4.º ao 9.º ano; (c) as instruções durante a intervenção devem ser explícitas e sistemáticas; (d) as intervenções devem incluir instruções sobre a resolução de problemas baseadas em estruturas subjacentes comuns; (e) os materiais de intervenção devem incluir oportunidades para os alunos trabalharem com representações visuais de ideias matemáticas; (f) as intervenções em todos os níveis de ensino devem dedicar cerca de 10 minutos em cada sessão para construir uma recuperação fluente de fatos aritméticos básicos; (g) monitorar o progresso dos alunos que recebem instrução suplementar e outros alunos que estão em risco (Gersten *et al.*, 2009).

Intervenções eficazes sempre envolveram várias sessões, segundo Geary (2011), estendendo-se de várias semanas a seis meses e resultaram em grandes progressos na capacidade dos alunos na resolução de problemas matemáticos e cálculos. No entanto, muitos desses resultados de intervenção não se generalizam, o que significa que o aprimoramento das habilidades de cálculo, por exemplo, requer intervenção direta, não intervenções para a solução geral de problemas ou mesmo de outras competências matemáticas. A generalização pode ocorrer, no entanto, se a habilidade que foi o alvo da intervenção for um componente de um problema matemático mais complexo. A instrução explícita e direta, orientada por professores, sobre como resolver tipos específicos de problemas de matemática se mostrou a intervenção mais eficaz (Gersten *et al.*, 2008).

Ainda são poucas as pesquisas, como afirmam Gersten *et al.* (2005), em relação ao campo do ensino da Matemática, porém já são suficientes para sugerir instrumentos de triagem válidos nos auxiliando na identificação de alunos que precisarão de apoio para a aprendizagem matemática. Além disso, baseados nos resultados desta avaliação pode-se começar a compreender as trajetórias dos alunos com dificuldades em matemática e quais as áreas onde precisam de apoio intensivo.

De acordo com Geary (2011), estudos genéticos indicam importantes influências ambientais no aprendizado da matemática e na Discalculia. A escolaridade influencia o desempenho da Matemática em geral e as intervenções para a Discalculia melhoram o desempenho matemático dessas crianças acima e além da influência da educação geral, mesmo que não elimine a variação nos resultados matemáticos (Gersten *et al.*, 2008).

Abordagens contemporâneas determinam a trajetória de desenvolvimento de uma criança por meio de pesquisas longitudinais, fundamentais para compreender as dificuldades de aprendizagem e essenciais para definir o cenário para questões críticas de intervenção (Francis *et al.*, 1994). Essas linhas de estudos de pesquisa longitudinais, de acordo com Gersten *et al.* (2005), tentaram revelar a natureza e os tipos de dificuldades matemáticas que os alunos experimentam nos anos do Ensino Fundamental e examinar em que medida essas dificuldades persistem ou mudam ao longo do tempo. Muitos desses estudos também incluem avaliações de habilidades de domínio geral, como inteligência, memória operacional e velocidade de processamento que influenciam o aprendizado nos domínios acadêmicos. O objetivo é determinar se existem défices cognitivos específicos para aprender matemática e se esses défices são independentes ou interagem com as habilidades de domínio geral durante o aprendizado ou desempenho matemático.

Em um Estudo Longitudinal da Universidade do Missouri sobre o desenvolvimento e défices em Matemática (Geary, 2010), foi observada a trajetória do desempenho matemático em crianças com QI abaixo da média, Discalculia, Baixo Desempenho em Matemática (Dificuldades de Aprendizagem Matemática), e Desenvolvimento Típico do primeiro ao quinto ano do Ensino Fundamental I (Geary, 2010). Entre os achados deste estudo, foi identificado que o desempenho em Matemática das crianças com Discalculia fica abaixo do das crianças com QI baixo após o terceiro ano e as conquistas dos grupos de Baixo Desempenho e QI baixo se sobrepõem. Em todos os anos, a vantagem das crianças com Desenvolvimento Típico aumenta em Matemática, mas a lacuna na leitura diminui. Demonstrando desta forma que o fraco desempenho em Matemática dos grupos com Discalculia e Baixo Desempenho em Matemática não pode ser atribuído à baixa inteligência ou défice na capacidade de leitura (Geary, 2011).

Os achados deste estudo sugerem défices na capacidade de formar representações de magnitude numérica com dificuldade em discriminar as magnitudes representadas por números pequenos (possivelmente devido a um défice ou atraso no sistema para representar magnitudes aproximadas), formar representações de memória de fatos aritméticos básicos ou recuperá-los quando as memórias são formadas e atrasos no desenvolvimento do aprendizado de procedimentos aritméticos (Geary, 2011). O baixo desempenho nessas tarefas numéricas simples é preditivo de desempenho abaixo da média na matemática, acima e além da influência da inteligência, memória operacional ou capacidade de leitura (Geary *et al.*, 2009).

Uma intervenção sugerida para estes défices concentra-se na frequência e precisão com que as crianças com Discalculia ou Dificuldades de Aprendizagem Matemática usam o procedimento de contagem para resolver problemas de adição e um procedimento correspondente para resolver problemas de subtração (Fuchs *et al.*, 2010). O estudo associado incluiu aulas particulares de 20 e 30 minutos. A tutoria incluía instruções explícitas sobre como usar a contagem mínima, ilustrada em uma linha numérica. Para algumas crianças, a instrução foi seguida por prática deliberada; especificamente, se a criança não conseguisse responder corretamente a um problema simples de adição ou subtração dentro de um minuto, ela seria instruída a usar a contagem mínima para resolver o problema. Outras crianças receberam a mesma instrução, mas depois leram os números em vez de praticarem deliberadamente. A combinação de instrução explícita e prática deliberada de contagem mínima resultou em uma competência aprimorada na solução de problemas simples de adição e subtração e problemas mais complexos nos quais os simples foram incorporados.

Fuchs *et al.* (2008) pesquisaram uma intervenção de combinações aritméticas conhecida como Math Flash (com atividades práticas computadorizadas) aplicada em 133 alunos do terceiro ano do Ensino Fundamental I que tinham dificuldades com cálculos aritméticos. O protocolo Math Flash se baseia em roteiros: (a) para esclarecer aos tutores como estruturar explicações precisas e eficazes; e (b) fornecer aos tutores um modelo concreto de como implementar as aulas. Tutores estudam os roteiros; eles não os leem. Cada lição dura de 20 a 25 minutos, e o protocolo padrão do Math Flash dura 16 semanas, com três sessões por semana. O Math Flash aborda as combinações de 200 números de 0 a 9 com adições e subtrações. Entre as atividades estratégias de contagem para adição e subtração foram ensinadas a utilização da reta numérica e os dedos. Para contar os problemas de adição, os alunos começam com o número maior e contam o número menor em seus dedos. A resposta é o último número falado (cardinalidade). Para a contagem de subtração, um novo vocabulário matemático é introduzido. O número menor é o número imediatamente após o sinal de menos. O número com o qual você começa é o primeiro número da equação. Para contar os problemas de subtração, os alunos começam com o número menor e contam até o número inicial. A resposta é o número de dedos usados para fazer a contagem. Um programa de reforço sistemático também foi incorporado. Os alunos foram pré e pós-testados em medidas de fluência com combinações numéricas e a medida de intervenção utilizada se mostrou eficaz (Fuchs *et al.*, 2008).

Fuchs *et al.* (2008) concluíram em seus estudos que devem ser considerados seis princípios de intervenção eficaz para alunos com Discalculia: a) o primeiro a instrução explícita e didática, na qual o professor compartilha diretamente as informações que a criança precisa aprender; b) o segundo o modelo instrucional para minimizar o desafio da aprendizagem, com explicações precisas e o uso de instruções cuidadosamente sequenciadas e integradas para que a lacuna de desempenho possa ser eliminada o mais cedo possível; c) o terceiro é a exigência de que a instrução forneça uma base conceitual forte para os procedimentos ensinados; d) o quarto é a prática das atividades e revisão diária; e) o quinto é a revisão cumulativa; f) e finalmente o sexto a auto regulação sistemática e motivação.

Como a fluência e a precisão com combinações aritméticas exigem o uso de estratégias maduras, a instrução e a orientação no uso da estratégia parecem essenciais. Parece lógico que alguns alunos precisem de instrução direta no uso da estratégia que pode ser desnecessária para seus colegas (Gersten *et al.*, 2005). Shrager e Siegler (1998) demonstraram que a generalização do uso da estratégia ocorre lentamente em crianças pequenas. Os adultos frequentemente subestimam o tempo que uma criança leva para usar uma estratégia matemática recém-aprendida de forma consistente. É importante ter em mente essa observação, pois as intervenções preventivas são planejadas. Shrager e Siegler (1998) também descobriram que, pelo menos para estratégias aritméticas muito básicas, a generalização aumenta com a apresentação de problemas desafiadores (ou seja, problemas que são muito difíceis de resolver sem o uso de uma estratégia e bastante fáceis de resolver com uma estratégia). Esta descoberta também parece ter implicações instrucionais importantes para o desenho das intervenções.

Alguns pesquisadores (Jordan *et al.*, 2003; Robinson *et al.*, 2002) argumentaram que as crianças podem derivar respostas rapidamente e com esforço cognitivo mínimo, empregando princípios de cálculo ou "atalhos", como o uso de uma combinação de números conhecida para derivar uma resposta (2 + 1 = 3, então 2 + 2 = 4), relações entre as operações (7 + 3 = 10, então 10 - 3= 7), n + 1, comutatividade e assim por diante. A instrução ao longo dessas linhas pode ser muito mais produtiva do que o exercício mecânico sem ligação com o uso da estratégia de contagem. O exercício rotineiro exige muito da memória associativa, uma área crítica de muitas crianças com desempenho típico em matemática (Geary, 1994). À medida que as crianças se tornam mais proficientes na aplicação de princípios de cálculo, elas confiam menos nos dedos e acabam dominando muitas combinações (Jordan, Levine & Huttenlocher, 1994). Os atalhos de cálculo mental têm a vantagem de desenvolver o senso numérico das crianças, bem como sua fluência. A pesquisa mostrou que mesmo adultos competentes em Matemática usam atalhos mentais em vez de recuperação automática em algumas combinações de números (LeFevre *et al.*, 1996).

Intervenções para construir senso numérico e compreensão conceitual também são fundamentais para alunos com Discalculia ou Dificuldades de Aprendizagem Matemática. Robinson *et al.* (2002) propuseram que as intervenções para alunos com baixo domínio de combinações aritméticas devem incluir dois aspectos: (a) intervenções para ajudar a construir uma recuperação mais rápida de informações, e (b) instrução combinada em qualquer e todas as áreas do senso numérico ou conceitos aritméticos que são subdesenvolvidos em uma criança (por exemplo, princípios de comutatividade ou "contar com" do adendo maior). Esta parece uma estrutura lógica para adaptar intervenções para garantir que os alunos desenvolvam o uso de estratégia de contagem cada vez mais madura e eficiente que está ligada à recuperação fluente de combinações, mas continua a solidificar seu conhecimento de conceitos e algoritmos matemáticos.

Para Gersten *et al.* (2005), o programa Number Worlds, desenvolvido por Griffin (2004), utilizando atividades como "contar com", ouvir moedas caindo em uma caixa e contar, contar em ordem decrescente, vincular adição e subtração à manipulação de objetos, podem ser aplicadas a pequenos grupos de crianças e parecem ser uma boa medida de intervenção para a construção do senso numérico. Ainda segundo Gersten *et al.* (2005), os objetivos dos jogos de senso numérico, encorajando os alunos na educação infantil e no primeiro ano do Ensino Fundamental I a aprender a falar sobre números e suas relações, podem ser mais eficazes no contexto de atividades que acompanham a instrução explícita em pequenos grupos. Desta forma, podem aprender a usar estratégias sofisticadas visualizando modelos de desempenho proficiente e recebendo etapas que os ajudam a resolver um problema. Essa prática é fortemente apoiada por metanálises de pesquisas sobre abordagens eficazes para o ensino de alunos com défices em matemática. Os alunos precisarão aprender a linguagem muito abstrata da matemática antes de poderem expressar suas ideias; assim, aprender o vocabulário da matemática parece outra peça crítica de intervenção precoce (Gersten *et al.*, 2005).

Em seu estudo, Siegler (1988) evidenciou que o conhecimento procedimental e conceitual em Matemática é frequentemente integrado, e é difícil analisá-lo. Portanto, incorporar o ensino de conceitos no trabalho sobre procedimentos parece o caminho ideal. Siegler (1988) demonstrou que, para crianças pequenas, cálculos aritméticos muito simples são, em algum ponto de seu desenvolvimento, problemas extremamente difíceis de resolver, exigindo muito esforço e planejamento de várias bases de conhecimento (contagem, correspondência número-símbolo, irrelevância de ordem). Assim, a criação de situações de aprendizagem em que os alunos são explicitamente ensinados como esquematizar todos esses conceitos ao fazer aritmética parece ideal. De acordo com Rittle-Johnson, Siegler e Alibali (2001), as habilidades procedimentais e conceituais em matemática estão integradas e nem sempre podem ser separadas. O conhecimento conceitual é flexível e não está vinculado a tipos de problemas específicos e, portanto, pode ser generalizado.

Para Gersten *et al.* (2005), o principal objetivo das intervenções matemáticas iniciais é o desenvolvimento da fluência e proficiência com combinações aritméticas básicas e o uso cada vez mais preciso e eficiente de estratégias de contagem. Sendo que uma razão pela qual a recuperação rápida de combinações aritméticas é crítica é que os alunos não podem realmente compreender qualquer tipo de diálogo sobre conceitos numéricos ou várias abordagens de resolução de problemas, a menos que saibam automaticamente que 6 + 4 é 10, que duplicar 8 resulta em 16, e assim por diante. Em outras palavras, os alunos que ainda estão usando os dedos lentamente para contar uma combinação como 7 + 8 ou 3 × 2 provavelmente ficarão totalmente perdidos quando os professores presumirem que podem recuperar facilmente essas informações e usar essa suposição como base para explicar os conceitos essenciais para a resolução de problemas ou para compreender o que significa divisão (Gersten *et al.*, 2005).

Além das intervenções baseadas em estudos científicos que discorremos acima, também podemos utilizar Blocos Lógicos, Mega Blocos, Lego, Quebra-Cabeça, Jogos de Memória, Jogo de Palitos, Boliche e diversos Jogos de Tabuleiro, com os quais poderemos trabalhar contagem, comparação, escrita de números, motricidade fina, além de habilidades cognitivas, linguagem, memória, representação mental, a habilidade visuoespacial, planejamento e atenção.

Um jogo muito utilizado para a intervenção de contagem e reta numérica é o Rummikub da GROW, com 104 pedras numeradas (4 cores – 1 a 14). Mas temos outros jogos que podem ser utilizados na Intervenção e que podem trabalhar outras habilidades cognitivas, como o jogo Quatro da COPAG, Dobble Números da Galápagos Jogos, o Baralho de Letras Pingo no i, Micro Robots da AlfaTech entre outros.

## CONSIDERAÇÕES FINAIS

Conforme discorremos ao longo deste capítulo, parece que a falta de fluência com combinações aritméticas continua a ser uma correlação crítica da Discalculia ou Dificuldades de Aprendizagem Matemática e precisa ser o objetivo principal de intervenção para muitos alunos. Além disso, os professores precisam estar cientes de quais alunos não dominam as combinações básicas e observar que esses alunos podem precisar de mais tempo para entender os conceitos e operações que são explicados ou discutidos (Gersten *et al.*, 2005).

De um ponto de vista conceitual, segundo Gersten *et al.* (2005), precisamos trabalhar mais para vincular medidas específicas que podem ser usadas para o rastreamento precoce e identificação da Discalculia com as teorias que foram desenvolvidas sobre ela. Por exemplo, no início do Ensino Fundamental I, a mudança de representações concretas para mentais parece crítica para o desenvolvimento da fluência de cálculo (Jordan; Hanich, 2003). As medidas de triagem precoce devem examinar as estratégias de cálculo das crianças em diferentes tipos de problemas para determinar se as crianças estão fazendo essa transição. Mais avanços no desenvolvimento de medidas válidas para triagem e detecção precoce precisarão ser baseados em definições mais refinadas e operacionalizadas de senso numérico. Para atingir esse objetivo, precisamos entender em profundidade as habilidades, estratégias e entendimentos específicos que preveem problemas subsequentes para se tornar proficiente em Matemática. Este entendimento nos ajudará a refinar a natureza das medidas desenvolvidas para a identificação precoce e ajudará a moldar a natureza de programas eficazes de intervenção.

## REFERÊNCIAS

BUTTERWORTH, B.; VARMA, S.; LAURILLARD, D. Dyscalculia: From brain to education. **Science**, v. 332, p. 1049–1053, 2011.

BYNNER, J.; PARSONS, S. **Does numeracy matter? Evidence from the National Child Development Study on the impact of poor numeracy on adult life.** London, UK: Basic Skills Agency, 1997.

CLEMENTS, D. H.; SARAMA, J. Experimental Evaluation of the Effects of a Research-Based Preschool Mathematics Curriculum. **American Educational Research Journal**, v. 45, n. 2, p. 443–494, 2008. DOI: https://doi.org/10.3102/0002831207312908.

FRANCIS, D. J.; SHAYWITZ, S. E.; STUEBING, K. K.; SHAYWITZ, B. A.; FLETCHER, J. .M. The measurement of change: Assessing behavior over time and within a developmental context. *In:* LYON, G. H. (ed.). **Frames of reference for the assessment of learning disabilities**: New views on measurement issues. Paul H Brookes Publishing Co, 1994. p. 29–58.

Fischer, U.; Moeller, K.; Cress, U.; Nuerk, H. C. Interventions Supporting Children's Mathematics School Success: A Meta-Analytic Review. **European Psychologist**, v.18, n. 2, p. 89–113, 2013. DOI: https://doi.org/10.1027/1016-9040/a000141

FISCHER, U.; MOELLER, K.; BIENTZLE, M.; CRESS, U.; NUERK, H. C. Sensori-motor spatial training of number magnitude representation. **Psychonomic bulletin & review**, v. 18, n. 1, p. 177–183, 2011. DOI: https://doi.org/10.3758/s13423-010-0031-3.

FUCHS, L. S.; POWELL, S. R.; SEETHALER, P. M.; CIRINO, P. T.; FLETCHER, J. M.; FUCHS, D.; HAMLETT, C. L. The Effects of Strategic Counting Instruction, with and without Deliberate Practice, on Number Combination Skill among Students with Mathematics Difficulties. **Learning and individual differences**, v. 20, n. 2, p. 89–100, 2010. DOI: https://doi.org/10.1016/j.lindif.2009.09.003

FUCHS, L. S.; FUCHS, D.; POWELL, S. R.; SEETHALER, P. M.; CIRINO, P. T.; FLETCHER, J. M. Intensive Intervention for Students with Mathematics Disabilities: Seven Principles of Effective Practice. **Learning disability quarterly: journal of the Division for Children with Learning Disabilities**, v. 31, n. 2, p. 79–92, 2008.

FUCHS, L. S.; FUCHS, D.; YAZDIAN, L.; POWELL, S. R. Enhancing first-grade children's mathematical development with peer-assisted learning strategies. **School Psychology Review**, v. 31, n. 4, p. 569–583, 2002. DOI: https://doi.org/10.1080/02796015.2002.12086175.

GEARY, D. C. **Children's mathematical development**: Research and practical applications. American Psychological Association, 1994. DOI: https://doi.org/10.1037/10163-000.

GEARY, D. C. Missouri longitudinal study of mathematical development and disability. **British Journal of Educational Psychology**, v. 7, n. 31–49, 2010.

GEARY, D. C. Consequences, characteristics, and causes of mathematical learning disabilities and persistent low achievement in mathematics. **Journal of developmental and behavioral pediatrics: JDBP**, v. 32, n. 3, p. 250–263, 2011. DOI: https://doi.org/10.1097/DBP.0b013e318209edef.

GEARY, D. C.; HOARD, M. K.; NUGENT, L.; BAILEY, D. H. Mathematical Cognition Deficits in Children With Learning Disabilities and Persistent Low Achievement: A Five-Year Prospective Study. **Journal of educational psychology**, v. 104, n. 1, p. 206–223, 2012. DOI: https://doi.org/10.1037/a0025398.

GEARY, D. C.; BAILEY, D. H.; HOARD, M. K. Predicting Mathematical Achievement and Mathematical Learning Disability With a Simple Screening Tool: The Number Sets Test. **Journal of psychoeducational assessment**, v. 27, n. 3, p. 265–279, 2009. DOI: https://doi.org/10.1177/0734282908330592.

GEARY, D. C.; BOW-THOMAS, C. C.; YAO, Y. Counting knowledge and skill in cognitive addition: a comparison of normal and mathematically disabled children. **Journal of experimental child psychology**, v. 54, n. 3, p. 372–391, 1992. DOI: https://doi.org/10.1016/0022-0965(92)90026-3.

GERSTEN, R.; BECKMANN, S.; CLARKE, B.; FOEGEN, A.; MARSH, L.; STAR, J. R.; WITZEL, B. **Assisting students struggling with mathematics**: Response to Intervention (RtI) for elementary and middle schools (NCEE 2009-4060). Washington, DC: National Center for Education Evaluation and Regional Assistance, Institute of Education Sciences, U.S. Department of Education. Retrieved from, 2009.

GERSTEN, R.; FERRINI-MUNDY, J.; BENBOW, C.; CLEMENTS, D. H.; LOVELESS, T.; WILLIAMS, V.; ARISPE, I. **Reports of the task groups and subcommittees**. Washington, DC: USDE, 2008. Report of the task group on instructional practices. *In*: National Mathematics Advisory Panel, 2008. p. 6-i-6-224.

GERSTEN, R.; JORDAN, N. C.; FLOJO, J. R. Early identification and interventions for students with mathematics difficulties. **Journal of learning disabilities**, v. 38, n. 4, p. 293–304, 2005. DOI: https://doi.org/10.1177/00222194050380040301.

GOLDMAN, S. R.; PELLEGRINO, J. W.; MERTZ, D. L. Extended practice of basic addition facts: Strategy changes in learning-disabled students. Cognition and Instruction, v. 5, n. 3, p. 223–265, 1988. DOI: https://doi.org/10.1207/s1532690xci0503_2.

GRIFFIN, S. Building number sense with number worlds: A mathematics program for young children. **Early Childhood Research Quarterly**, v. 19, n. 1, p. 173–180, 2004. DOI: https://doi.org/10.1016/j.ecresq.2004.01.012.

JORDAN, N. C.; HANICH, L. B. Characteristics of Children with Moderate Mathematics Deficiencies: A Longitudinal Perspective. **Learning Disabilities Research & Practice**, v. 18, n. 4, p. 213–221, 2003. DOI: https://doi.org/10.1111/1540-5826.00076.

JORDAN, N. C.; LEVINE, S. C.; HUTTENLOCHER, J. Development of calculation abilities in middle- and low-income children after formal instruction in school. **Journal of Applied Developmental Psychology**, v. 15, n. 2, p. 223–240, 1994. DOI: https://doi.org/10.1016/0193-3973(94)90014-0.

KROESBERGEN, E. H.; VAN LUIT, J. E. H. Mathematics Interventions for Children with Special Educational Needs: A Meta-Analysis. **Remedial and Special Education**, v. 24, n. 2, p. 97–114, 2003. DOI: https://doi.org/10.1177/07419325030240020501.

KUCIAN, K.; GROND, U.; ROTZER, S.; HENZI, B.; SCHÖNMANN, C.; PLANGGER, F.; GÄLLI, M., MARTIN, E.; VON ASTER, M. Mental number line training in children with developmental dyscalculia. **NeuroImage**, v. 57, n. 3, p. 782–795, 2011. DOI: https://doi.org/10.1016/j.neuroimage.2011.01.070.

LEFEVRE, J.-A.; BISANZ, J.; DALEY, K. E.; BUFFONE, L.; GREENHAM, S. L.; SADESKY, G. S. Multiple routes to solution of single-digit multiplication problems. **Journal of Experimental Psychology: General**, v. 125, n. 3, p. 284–306, 1996. DOI: https://doi.org/10.1037/0096-3445.125.3.284.

OSTAD, S. A. Developmental differences in addition strategies: a comparison of mathematically disabled and mathematically normal children. **The British journal of educational psychology**, v. 67 (Pt 3), p. 345–357, 1997. DOI: https://doi.org/10.1111/j.2044-8279.1997.tb01249.x.

PARSONS, S.; BYNNER, J. **Does numeracy matter more?** London, UK: National Research and Development Centre for Adult Literacy and Numeracy, 2005.

RAMANI, G. B.; SIEGLER, R. S. Reducing the gap in numerical knowledge between low and middle-income preschoolers. **Journal of Applied Developmental Psychology**, v. 32, p. 146–159, 2011.

RITTLE-JOHNSON, B.; SIEGLER, R. S.; ALIBALI, M. W. Developing conceptual understanding and procedural skill in mathematics: An iterative process. **Journal of Educational Psychology**, v. 93, n. 2, p. 346–362, 2001. DOI: https://doi.org/10.1037/0022-0663.93.2.346.

ROBINSON, C. S.; MENCHETTI, B. M.; TORGESEN, J. K. Toward a two-factor theory of one type of mathematics disabilities. **Learning Disabilities Research & Practice**, v. 17, n. 2, p. 81–89, 2002. DOI: https://doi.org/10.1111/1540-5826.00035.

ROCK, J. L.; COURTNEY, R.; HANDWERK, P. G. **Supplementing a traditional math curriculum with an inquiry-based program**: A pilot of Math Out of the Box. [ETS Research Report RR-09–17]. Princeton, NJ: Educational Testing Service, 2009. DOI: https://doi.org/10.1002/j.2333-8504.2009.tb02174.x.

SHRAGER, J.; SIEGLER, R. S. SCADS: A Model of Children's Strategy Choices and Strategy Discoveries. **Psychological Science**, v. 9, n. 5, p. 405–410, 1998. DOI: https://doi.org/10.1111/1467-9280.00076.

SIEGLER, R. S. Individual differences in strategy choices: good students, not-so--good students, and perfectionists. **Child development**, v. 59, n. 4, p. 833–851, 1988. DOI: https://doi.org/10.2307/1130252.

WILSON, A. J.; DEHAENE, S.; DUBOIS, O.; FAYOL, M. Effects of an adaptive game intervention on accessing number sense in low-socioeconomic-status kindergarten children. **Mind, Brain, and Education**, v. 3, p. 224–234, 2009.

# IDENTIFICAÇÃO PRECOCE NOS PROBLEMAS DE MATEMÁTICA

Andréa Carla Machado

Simone Aparecida Capellini

## INTRODUÇÃO

De acordo com a nova Lei de Diretrizes e Bases da Educação Nacional – LDBEN (Lei 9394/96), toda criança deve ter acesso à educação. Esta mesma lei estabelece que a Educação Infantil seja a primeira etapa da Educação Básica. Entende-se esta fase da educação como os primeiros seis anos da educação escolar. Conforme a presente lei, na intervenção na Educação Infantil consta a seguinte observação: "Na Educação Infantil a avaliação e intervenção preventiva far-se-á mediante acompanhamento e registro do seu desenvolvimento sem o objetivo de promoção" LDBEN, art. 31, p. 16) (Brasil, 1996, p. 16).

Os programas de identificação e estimulação na Educação Infantil tem o intuito preventivo de observar e compreender o dinamismo presente no desenvolvimento infantil e redimensionar a prática pedagógica, ajudando o professor a intervir no momento certo em que as dificuldades se apresentam, acompanhando a evolução da criança. A intervenção e o monitoramento da criança, nesta etapa, são entendidos como processos contínuos e dinâmicos, de fundamental importância.

Identificar também é observar e monitorar constantemente, (re) planejando a ação educativa na busca de (re)significá-la de forma apropriada às necessidades de cada criança e do grupo como um todo. O monitoramento no contexto de educação infantil deve ser mediador do desenvolvimento da criança. Para isso é importante buscar várias formas de registro que servirão como suporte para a elaboração do parecer do trabalho realizado, contemplando os avanços, as expectativas, as mudanças e as descobertas.

Nessa perspectiva, o presente capítulo tem o objetivo de apresentar as tarefas pré-numéricas do Inventário de Identificação Precoce para Habilidades Matemáticas -IPHM (Machado; Capellini, em desenvolvimento) as quais serão basilares para os eventos matemáticos que virão nas etapas subsequentes referente ao Ensino Fundamental. As tarefas envolvem aspectos pertencentes à função executiva e processamento visual, por sobremaneira serão discutidos esses constructos.

Considerando e respeitando a pluralidade e diversidade da sociedade brasileira e das diversas propostas curriculares de Educação Infantil existentes, torna-se imperativa a elaboração e implementação de programas e currículos condizentes com suas realidades e singularidades visando favorecer o diálogo com propostas que se constroem no cotidiano das instituições, sejam creches e pré-escolas.

Nessa direção, a educação e os cuidados na infância são amplamente reconhecidos como fatores fundamentais do desenvolvimento global da criança, o que coloca para os sistemas de ensino o desafio de organizar projetos pedagógicos que promovam a inclusão de todas as crianças. A Lei de Diretrizes e Bases da Educação Nacional impulsionou o desenvolvimento da educação e o compromisso com uma educação de qualidade, introduzindo um capítulo específico que orienta para o atendimento às necessidades educacionais especiais dos alunos, que deve ter início na Educação Infantil (Brasil, 2001).

Torna-se importante pontuar que a educação inclusiva não se faz apenas por decreto ou diretrizes. Ela é construída na escola por todos, na confluência de várias lógicas e interesses sendo preciso saber articulá-los. Por ser uma construção coletiva, ela requer mobilização, discussão e ação organizacional de toda a comunidade escolar e encaminhamentos necessários ao atendimento das necessidades específicas e educacionais de todas as crianças. Ela requer ainda uma ação complementar no contexto social por meio de trabalho conjunto com os serviços de apoio da educação especial, que também são responsáveis pela articulação e interface com os diferentes setores.

Nesse sentido, o Plano Decenal de Educação para Todos (Brasil, 1993) e as diretrizes e estratégias e orientações para a educação de crianças com necessidades educacionais especiais em creches e pré-escolas orientam a criação de programas de identificação precoce em escolas ou instituições especializadas públicas ou privadas, estabelecendo convênios e parcerias para avaliação, identificação das necessidades específicas, apoio, adaptações, complementações ou suplementações que se fizerem necessárias, tendo em vista o desenvolvimento das potencialidades e o processo de aprendizagem dessas crianças.

Para tanto, propostas de identificação precoce na Educação Infantil são necessárias, pois seria nessa fase que se desenvolvem as bases necessárias para a construção do conhecimento e desenvolvimento global do aluno. Nessa etapa, o acesso às formas diferenciadas de comunicação, a riqueza de estímulos nos aspectos físicos, emocionais, cognitivos, psicomotores, sociais e a convivência com as diferenças favorecem as relações interpessoais, o respeito e a valorização da criança (Bee, 2003; Brasil, 1998; Brasil, 2008; Vail; Elmore, 2011).

Assim, estudos realizados por vários pesquisadores (FMCSV, 2010) revelaram que atividade que envolvam funções tais como cognição e funções executivas nos primeiros anos de desenvolvimento, por exemplo, constituem importância singular nas propostas de identificação precoce.

Os novos conhecimentos obtidos em pesquisas sobre Neurociências estão proporcionando evidências (Xiang; Schweinhart, 2002) determinantes sobre como o impacto de programas precoces na infância podem afetar de maneira positiva a saúde, comportamento e a aprendizagem do indivíduo ao longo de toda a sua vida, pois como já mencionado, nos primeiros anos de vida devem ser abertas janelas de oportunidades para que a criança aprenda determinados tipos de aprendizagem, que se não forem adquiridas neste período, se tornam difíceis, quando não impossíveis, de serem adquiridas mais tarde (Mendes, 2010; Sandall; Schwartz, 2012). No caso específico das crianças de risco para o desenvolvimento, a identificação precoce se configura um dos melhores meios para auxiliar no seu desenvolvimento.

Nessa perspectiva, o senso numérico é um conceito de fundamental importância para a área da aprendizagem na Matemática, tanto no que diz respeito à intervenção como à prevenção. Um crescente corpo de pesquisas aponta que as crianças com problemas na Matemática apresentam dificuldade central no senso numérico, a qual pode ser identificada desde cedo na Educação Infantil (Jordan, *et al.* 2006; Mazzoco; Thompson, 2005).

Os fundamentos para um bom desempenho em Matemática são estabelecidos antes do ingresso no Ensino Fundamental. A identificação dos principais preditores de resultados em Matemática fornece apoio para análise, intervenção e acompanhamento do progresso da criança antes que ela apresente um atraso acadêmico importante.

As consequências de um desempenho insatisfatório em Matemática são graves tanto para o cotidiano, como para o desempenho educacional e para o progresso na carreira profissional futura. (Clements; Samara, 2007). Os estudos longitudinais das características da criança com dificuldades em Matemática permitiram identificar objetivos importantes para intervenções. Ao ingressar na escola, a maioria das crianças tem um sentido de número que é relevante para a aprendizagem da Matemática. Os componentes pré-verbais do número – por exemplo, as representações exatas de pequenas quantidades e as representações aproximadas de quantidades maiores – desenvolvem-se na fase inicial da infância. Assim, Estudos longitudinais de curta duração, do início até o final da Educação Infantil, revelam que indicadores de habilidades em operações com números associados a contas, discriminação de quantidades e nomenclatura numérica são preditores de moderados a fortes da realização acadêmica em Matemática.

É preciso desenvolver e validar ferramentas para a análise de competências numéricas básicas em programas de Educação Infantil, para que possam ser utilizadas em escolas, clínicas e outros ambientes educacionais para elucidar intervenções para crianças que apresentam dificuldades de aprendizagem em Matemática, ou que estão em risco de apresentar tais dificuldades, devem ser concebidas e avaliadas por meio de estudos randomizados, o que vem ao encontro da apresentação desse capítulo.

Assim, pesquisas recentes apontam que o senso numérico, avaliado na Educação Infantil, é um forte preditor de desempenho na Matemática nas séries iniciais. Por exemplo, Jordan e Hanich (2003) examinaram o desenvolvimento do senso numérico em 411 crianças de Educação Infantil, considerando as seguintes habilidades: contagem, princípios de contagem, conhecimento de número, transformação de número, estimativa e padrões numéricos. As mesmas crianças foram testadas em desempenho em Matemática no final do 1.º ano. Análises preliminares apontam que as habilidades testadas têm forte validade preditiva, mesmo no início da Educação Infantil, quando as crianças ainda tinham uma limitada instrução formal em matemática.

Outro estudo sugere que o desempenho das crianças de Educação Infantil em habilidades do tipo ler números, comparar magnitudes de números de um dígito e desempenhar cálculos mentais simples são fortes preditores para aprendizagem da matemática no 3.º ano do Ensino Fundamental (Mazocco; Thompson, 2005).

Nas tarefas medidas em Matemática, a criança deve apresentar habilidade de: contar, selecionar a posição ordinal, identificar e calcular números, determinar números de sua relativa magnitude, e resolver problemas, bem como ter conhecimento de tempo e dinheiro. Crianças que vão bem nesses componentes são alunos que na escola são capazes de contar, determinam a ordem e a magnitude das quantias e adicionam e subtraem, ou seja, resolvem problemas reais que, por ventura, possam ocorrer na pré-escola (isto é, determinam quem e onde tem mais, contam dinheiro). Já as crianças que não conseguem realizar esses atributos podem apresentar dificuldade em estabelecer relação entre os números e as "coisas" que os representam.

O material contribui para a atuação do professor frente a ampliar as possibilidades de estratégias, bem como oferecer uma sistematização a respeito da aplicação de uma atividade tendo possibilidades de monitorá-la e acompanhar o desenvolvimento da criança. Assim, inventário de identificação precoces para habilidades matemáticas amplia as possibilidades de estratégias, bem como oferecer uma sistematização a respeito da aplicação e monitoramento de atividades envolvendo cognição numérica e assim maximizar o sucesso nas etapas vindouras.

## A MEMÓRIA OPERACIONAL NO DESENVOLVIMENTO DAS HABILIDADES MATEMÁTICAS

Na mesma direção, a abordagem preventiva, ou seja, materiais que promovam ou facilitem o desenvolvimento das habilidades matemáticas propostas nesse inventário para a específica população e faixa etária tem recebido menor atenção da literatura e não direcionando o desenvolvimento de um material para levantar precocemente habilidades matemáticas. No entanto, tem sido sobretudo as investigações internacionais que têm endereçado e provido um corpo de evidências acerca da efetividade destas identificações no desenvolvimento das habilidades cognitivas, linguísticas e motoras.

É importante ressaltar mais uma vez, que dificuldades em Matemática são generalizadas e podem ter consequências para toda a vida. As competências numéricas básicas desenvolvem-se antes do primeiro ano do Ensino Fundamental e são preditores importantes de aquisições ou dificuldades acadêmicas em Matemática. Níveis mais altos de competência com números na Educação Infantil predizem desempenho significativo e substancial, em termos estatísticos, em avaliações matemáticas e em computação ao final do terceiro ano do ensino fundamental.

A capacidade de associar representação numérica a relações com a linguagem é particularmente importante. A competência com números depende da capacidade linguística – por exemplo, conhecer os nomes dos números – e também do conhecimento quantitativo e espacial – combinar e separar conjuntos. Esse efeito da competência com números sobre o desempenho em Matemática sugere a necessidade de enfatizá-la em programas de Educação Infantil.

Em uma perspectiva cognitiva, as condições relacionadas à memória operacional prenunciam, quando alteradas, dificuldades de gerenciamento do material envolvendo constructos matemáticos, como por exemplo, magnitude, espacialidade, estímulos que necessitam percepção visual integrada.

A memória operacional refere-se à capacidade de manter informações na mente e trabalhá-las de forma que essas informações possam ser relacionadas, atualizadas e utilizadas para solução de qualquer problema referente ao material aprendido. Para Diamond (2013), a memória operacional, controle inibitório e flexibilidade cognitiva são denomina Funções Executivas Nucleares, pois foram a base para funções cognitivas mais complexas como raciocínio, planejamento e resoluções de problemas.

Os estudos que investigam a contribuição da Memória Operacional (MO) para o desempenho escolar frequentemente se concentram nos domínios da linguagem e da Matemática. Seus resultados mostraram que a MO está diretamente associada à habilidade matemática.

## A MEMÓRIA DE TRABALHO NA COGNIÇÃO NUMÉRICA E SEU DESENVOLVIMENTO EM CRIANÇAS COM E SEM DIFICULDADE EM MATEMÁTICA

Vários estudos mostram que a memória de trabalho é um preditor significativo de habilidades matemáticas (Alloway; Alloway, 2010). No entanto, a relação entre os componentes da memória operacional e o desempenho em Matemática parece depender da idade. Van de Weijer-Bergsma *et al.* (2015) compararam a importância da memória operacional verbal e visuoespacial para a aprendizagem da Matemática durante a escola primária e encontraram trajetórias de desenvolvimento opostas. Enquanto o poder preditivo da memória operacional visual-espacial para o desempenho em Matemática diminuiu, o valor preditivo da memória operacional verbal aumentou. Além disso, uma revisão de Friso-van den Bos *et al.* (2013) mostrou que a MO e o desempenho matemático se relacionam mais fortemente em crianças com DLM do que em alunos típicos, ou seja, o desempenho matemático dependia mais de WM funcionando em crianças com MLD do que em alunos típicos.

Swanson, Jerman e Zheng (2008) investigaram o crescimento do funcionamento da MO em crianças com risco e sem risco de DLM (Matemática: porcentagem ≤ 25). Eles usaram um desenho de coorte sequencial incluindo crianças da primeira, segunda e terceira séries durante um período de três anos. Na terceira série, diferenças entre crianças em risco de MLD e alunos típicos foram observadas em todos os três componentes de WM, indicando um nível mais alto de funcionamento de WM em alunos típicos. Considerando que também houve diferenças nas taxas de crescimento do primeiro ao quinto ano, tanto no executivo central quanto no bloco visuoespacial, revelando mais crescimento em alunos típicos, não houve diferenças nas taxas de crescimento no loop fonológico entre os dois grupos, indicando paralelo crescimento da MO fonológica em ambos os grupos. Essas descobertas anteriores sugerem que em crianças com (ou em risco de) DLM do primeiro ao quinto ano, há crescimento nos três componentes da MO, mas que as trajetórias de desenvolvimento pelo menos da alça visuoespacial e o executivo central pode ser diferente em comparação com alunos típicos (Swanson *et al.*, 2008). No entanto, estudos comparando crianças com DLM àquelas sem DLM e diferenciando todos os três componentes da MO, especialmente com desenhos longitudinais em vez de transversais, ainda são escassos (Gathercole *et al.*, 2019).

Contar conjuntos de objetos é uma das habilidades numéricas mais básicas e inicialmente dominadas pelo ser humano (Wynn, 1992, 1995). Estudos de (Gathercole, *et al.*, 2019) sugeriram que a contagem envolve três tipos de processamento: a percepção dos itens a serem contados, o acesso à sequência de contagem no LTM e o armazenamento de curto prazo de um total corrente, ao qual pode ser adicionada a articulação vocal ou subvocal de números na sequência de contagem e apresentado no modelo ADAPT (Thevenot; Fayol; Barrouillet, 2018).

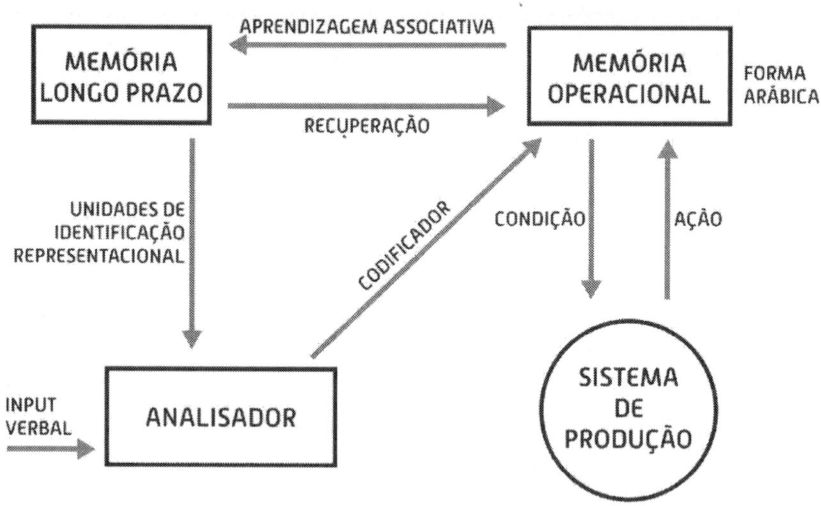


Figura 1 – Arquitetura cognitiva do modelo ADAPT descrito por Barrouillet (2004)

Fonte: Adaptado de Thevenot, Fayol e Barrouillet (2018).

Nota: *Palavras numéricas são codificadas como cadeias verbais segmentadas por um analisador em unidades enviadas para a memória de trabalho (MO), onde são processadas por regras de condições-ações que leem e transformam o conteúdo da MO para produzir a forma arábica do número. O conteúdo da MO cria unidades representacionais armazenadas por meio de aprendizagem associativa na memória de longo prazo a partir da qual podem ser recuperadas por atividades de transcodificação subsequentes.*

Uma meta-análise realizada por Peng e colaboradores (2016) os resultados mostraram que podem ter implicações para a pesquisa de treinamento em MO. Embora os domínios de MO não afetem a relação entre MO e matemática, as tarefas MO mostraram relações mais fortes com a matemática do que as tarefas MO isoladamente. As implicações potenciais para a pesquisa de treinamento MO se relacionam com a amplitude do treinamento MO (ou seja, treinamento que envolve múltiplos domínios) e para a medição dos resultados MO (ou seja, medidas de resultado que atingem vários domínios). É importante ter em mente, entretanto, que quando se traduz as correlações da meta-análise atual em variâncias que MO pode explicar no desempenho em matemática, o intervalo é de 5% a 25%, com uma média em torno de 10%. Essas descobertas sugerem que o treinamento da MO por si só provavelmente não será suficiente para melhorar o desempenho matemático (Jacob; Parkinson, 2015). As descobertas da meta-análise atual podem ser relevantes para informar o projeto de estudos de intervenção que testam instruções combinadas de MO e matemática. Por exemplo, com base em robustas correlações entre MO e resolução de problemas de palavras e cálculos com números inteiros, essas habilidades podem ser candidatas particularmente relevantes para tais intervenções combinadas. Além disso, a descoberta de uma relação mais forte de MO e matemática para alguns indivíduos, sugere que pode ser importante considerar alguns dos fatores relacionados à individualidade de cada um (por exemplo, gravidade da matemática e / ou dificuldades de MO, presença de outros transtornos) os quais podem moderar os resultados perante o desempenho.

## PROCESSAMENTO VISUAL E HABILIDADE MATEMÁTICAS

O processamento visual é o procedimento de organização e interpretação da informação visual reflete a capacidade de atender e distinguir recursos e detalhes, como forma, orientação, cor e tamanho. Nas últimas décadas, as evidências mostraram que o baixo desempenho no processamento visual pode explicar as dificuldades de aprendizagem em leitura e matemática, por exemplo, crianças que têm déficits em a percepção visual muitas vezes não consegue distinguir com eficiência palavras impressas em tamanhos ou cores diferentes (Visser *et al.*, 2004). Alunos com déficits de percepção visual geralmente exibem reversões e desalinhamento de séries horizontais de dígitos e fraca visualização matemática.

No que diz respeito à Matemática inicial, propomos que visual processamento, junto com o conhecimento inicial de numeramento, como contagem, sentido numérico e conhecimento numérico (Garon-Carrier *et al.*, 2018), e habilidades cognitivas gerais, tais como atenção sustentada, raciocínio não verbal e controle inibitório (LeFevre *et al.*, 2010) são essenciais em seu desenvolvimento.

Para adquirir habilidades de cálculo e comparação de números, os indivíduos

precisam reconhecer visualmente palavras numéricas e transformar o número símbolos em quantidades, pelo menos entre as crianças (Geary, 2004).

De acordo com Modelo de Código Triplo, o sistema visual é um dos mais importantes sistemas de representação de números, e os números podem ser codificados como algarismos arábicos (Dehaene,

1992; Dehaene; Cohen, 1995). Na verdade, as habilidades visuais podem facilitar a resolução de problema de matemática formando um "quadro mental" preciso para organizar as inter-relações entre quantidades numéricas (Zhang; Lin, 2015). Crianças com alta habilidades visuais-espaciais tendem a resolver mais problemas matemáticos em descrições pictóricas e espaciais demonstrando melhor flexibilidade em transformar um problema de palavra em um problema aritmético (Zhang; Lin, 2015).

Por outro lado, crianças com processamento visual inadequado apresentam dificuldade em resolver uma fórmula aritmética em um processo mental espacial. De fato, crianças com déficits em aritmética exibem processamento visual inferior para habilidades espaciais (Yang; Meng, 2020).

## TAREFAS PRÉ-NUMÉRICAS DO INVENTÁRIO DE IDENTIFICAÇÃO PRECOCE PARA DIFICULDADES EM HABILIDADES MATEMÁTICAS

Diante do exposto e do contexto atual da realidade do nosso sistema educacional, o material aqui descrito fundamenta-se disposto no documento da Educação Infantil: saberes e práticas da inclusão pelo Ministério da Educação desde o ano de 2006 (Brasil, 2006). O documento promove diretrizes e constituindo uma possibilidade de eliminar as barreiras que impedem o acesso ao conhecimento, uma vez que para as crianças com necessidades educacionais especiais a falta de acessibilidade se traduz em fonte de discriminação e perda de oportunidades.

A inovação deste material seria a condição de ter um material baseado nos princípios propostos em pesquisas relacionada à cognição numérica já solidificadas internacionalmente (Fritz; Haase; Rasanen, 2019), porém um material que poderá auxiliar os professores na identificação possíveis dificuldades nas habilidades matemáticas. Oferecer assim um inventário de atividades para crianças da pré-escola (4 a 6 anos) determinado por tarefas para identificar funções importantes para serem trabalhadas em um seguimento em sala pelo professor.

Nessa seção do presente capítulo, será apresentada uma tarefa relacionada ao inventário, bem como uma proposição de treino para o mesmo.

Os conceitos matemáticos desde a simples compreensão do número até a realização de operações; uso de medidas; a percepção de formas geométricas e as variações que delas derivam, se encontram estreitamente vinculados com os processos lógicos.

Nessas condições o significado do número implica em uma série de operacionais lógicas que são realizadas ao considerá-lo. O número é em si uma síntese dos aspectos, a cardinalidade e a ordinalidade que por sua vez, têm por base as sínteses das operações lógicas: a classificação e a seriação.

Aqui vamos abordar especificamente a cardinalidade pensando no conceito de nenhum, nada, sem elementos. Nota-se que esses conceitos cardinais no qual o zero fará sentido, quando ensino da primeira dezena ser estabelecido, se inicia em tenra idade com atividades lógicas como uma das tarefas propostas no inventário explicitada a seguir.

A cardinalidade pode ser definida como a propriedade que tem um conjunto com relação a totalidade do elemento que a forma, independendo da natureza da quantidade e da disposição espacial em que se encontra distribuída, seja cinco ou zero.

| Tarefa do inventário – figura | Procedimento instrucional |
| --- | --- |
|  | Procedimento: Dizer: Aqui tem sacos de pipocas. Qual não tem nada? Qual não tem nenhum? Aponte para mim. |

Quadro 1 – Tarefa relacionada à quantidade, especificamente, noção do conceito "nenhum", "nada".

Fonte: Elaborado pelas autoras.

| Estimativa | Observação | Checagem |
| --- | --- | --- |
|  Estimar quantas bolinhas estão no recipiente |  Obseve quantas crianças estão pulando |  Agora verifique sua resposta |

Quadro 2 – Proposta para treino

Fonte: Elaborado pelas autoras.

Use as palavras na caixa abaixo para completar cada sentença:

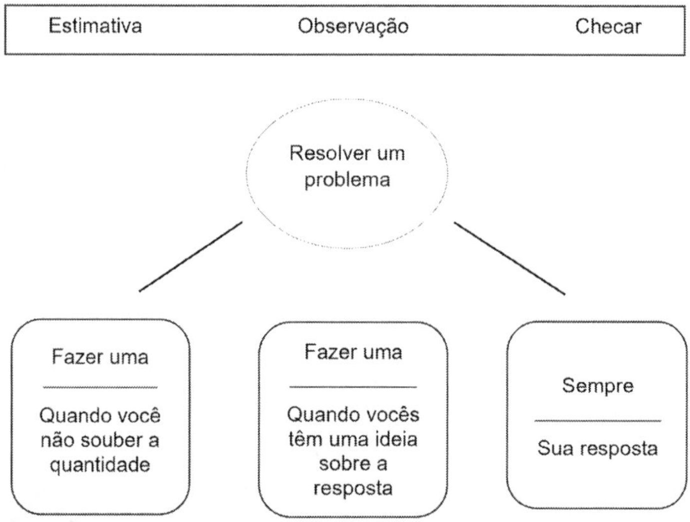


Fonte: Elaborado pelas autoras.

## REFERÊNCIAS

ALLOWAY, T. P.; ALLOWAY, R. G. Investigating the predictive roles of working memory and IQ in academic attainment. **Journal of experimental child psychology**, v. 106, n. 1, p. 20-29, 2010.

BARROUILLET, P.; CAMOS, V.; PERRUCHET, P.; SERON, X. ADAPT: a developmental, asemantic, and procedural model for transcoding from verbal to Arabic numerals. **Psychological review**, v. 111, n. 2, p. 368-394, 2004.

THEVENOT, C.; FAYOL, M.; BARROUILLET, P. Spatial numerical associations in preschoolers. **Thinking & Reasoning**, v. 24, n. 2, p. 221-233, 2018.

BRASIL. Ministério da Educação. **Plano decenal de educação para todos**. Brasília: MEC, 1993.

BRASIL. Lei n.º 9.394, de 20 de dezembro de 1996. Estabelece as Diretrizes e Bases da educação nacional. **Diário Oficial da União**: seção 1, Brasília, DF, ano 134, n. 248, p. 27833, 23 dez. 1996.

BRASIL. Ministério da Educação e do Desporto. Secretaria de Educação Fundamental. **Referencial Curricular Nacional para a Educação Infantil**. Brasília: MEC/SEF, 1998.

BRASIL. Ministério da Educação. **Diretrizes Nacionais para a Educação Especial na Educação Básica**. Brasília: MEC/CNE/CEB, 2001.

BRASIL. Ministério da Educação. **Educação Infantil**: saberes e práticas da inclusão. Brasília: MEC/SEESP, 2006.

BRASIL. Ministério da Educação. **Política Nacional de Educação Especial na perspectiva da Educação Inclusiva**. MEC/SEESP, 2008.

BEE, H. **A criança em Desenvolvimento**. Porto Alegre: Artmed, 2003.

CLEMENTS, D.H.; SARAMA, J. Early childhood mathematics learning. *In:* Lester, J. F. K. (ed). **Second handbook of research on mathematics teaching and learning**. New York, NY: Information Age Publishing, 2007. p. 461-555.

DEHAENE, S. Varieties of numerical abilities. **Cognition**, v. 44, n. 1-2, p. 1-42, 1992.

DEHAENE, S.; COHEN, L. Towards an anatomical and functional model of number processing. **Mathematical cognition**, v. 1, n. 1, p. 83-120, 1995.

DIAMOND, A. (2013). Executive functions. **Annual review of psychology**, v. 64, p. 135-168, 2013.

FMCSV. Fundação Maria Celília Souto Vidigal. **Desenvolvimento da primeira e segunda infância da avaliação à ação**: uma prioridade para o crescimento e a equidade. Trad. Magda Lopes. São Paulo, 2010.

FRISO-VAN DEN BOS, I.; VAN DER VEN, S. H.; KROESBERGEN, E. H.; VAN LUIT, J. E. (2013). Working memory and mathematics in primary school children: A meta-analysis. **Educational research review**, v. 10, p. 29-44, 2013.

FRITZ, A.; HAASE, V. G.; RASANEN, P. **International handbook of mathematical learning difficulties**. Cham, Switzerland: Springer, 2019.

GARON-CARRIER, G.; BOIVIN, M.; LEMELIN, J. P.; KOVAS, Y.; PARENT, S.; SÉGUIN, J. R.; DIONNE, G. Early developmental trajectories of number knowledge and math achievement from 4 to 10 years: Low-persistent profile and early-life predictors. **Journal of school psychology**, v. 68, p. 84-98, 2018.

GATHERCOLE, S. E.; DUNNING, D. L.; HOLMES, J.; NORRIS, D. Working memory training involves learning new skills. Journal of Memory and Language, v. 105, p. 19-42, 2019.

GEARY, D. C. Mathematics and learning dis- abilities. **J Learn Disabil**, v. 37, n. 1, p. 4-15, 2004.

GRANTHAM-MCGREGOR, S; CHEUNG, Y. B.; CUETO, S.; GLEWWE, P.; RICHTER, L.; STRUPP, B. Developmental potential in the first 5 years for children in developing countries. **Lancet**, v. 369, p. 60-70, 2007.

HORN, E.; LIEBER, J.; SANDALL, S. R.; SCHWARTZ, I. S.; WOLERY, R. A. Classroom Models of individualized instruction. *In:* ODOM, S. L. (ed.). **Widening the circle, including children with disabilities in preschool programs**. NY: Teachers College Press, 2002. p. 46-60.

JACOB, R.; PARKINSON, J. The potential for school-based interventions that target executive function to improve academic achievement: A review. **Review of educational research**, v. 85, n. 4, p. 512-552, 2015.

JORDAN, N. C.; KAPLAN, D.; OLAH, L. N.; LOCUNIAK, M. N. Number sense growth in kindergarten: a longitudinal investigation of children at risk for mathematics difficulties. **Child Development**, v. 77, p. 153-75, 2006.

JORDAN, N. C.; HANICH, L. B.; KAPLAN, D. Arithmetic fact mastery in young children: a longitudinal investigation. **J Exp Child Psychol.**, v. 19, p. 85-103, 2003.

LEFEVRE, J. A.; FAST, L.; SKWARCHUK, S. L.; SMITH-CHANT, B. L.; BISANZ, J.; KAMAWAR, D.; PENNER-WILGER, M. Pathways to mathematics: Longitudinal predictors of performance. **Child development**, v. 81, n. 6, p. 1753-1767, 2010.

MACHADO, A. C.; CAPELLINI, S. A. **inventário de identificação precoce de dificuldades para habilidades matemáticas**. (em desenvolvimento).

MAZZOCO, M. M. M.; THOMPSON, R. E. Kindergarten predictors of math learning disability. **Learn Disabil Res Pract.**, v. 20, p.142-55, 2005.

MEISELS, S. J.; MARSDEN, D. B.; WISKE, M. S.; HENDERSON, L. **Early Screening Inventory**. Revised. Bloomington, MN, Pearson, 2008.

MENDES, E. G. **Inclusão marco zero**: começando pelas creches. Araraquara: Junqueira& Marin Editores, 2010.

PENG, P.; NAMKUNG, J.; BARNES, M.; SUN, C. A meta-analysis of mathematics and working memory: Moderating effects of working memory domain, type of mathematics skill, and sample characteristics. **Journal of Educational Psychology**, v. 108, n. 4, p. 455-473, 2016.

SANDALL, S. R.; SCHWARTZ, I. S. **Building Blocks**: for teaching preschoolers with special needs. Baltmore: Paul. H. Brookes Publishing, 2012.

SWANSON, H. L.; JERMAN, O.; ZHENG, X. Growth in working memory and mathematical problem solving in children at risk and not at risk for serious math difficulties. **Journal of Educational Psychology**, v. 100, n. 2, p. 343-379, 2008.

VAIL, C. O.; ELMORE, S. R. Tips for Teachers for Selecting Toys to Facilitate Social Interaction. **NHSA Dialog: A Research-to-Practice Journal for the Early Intervention Field**, v. 14, n. 1, p. 37-40, 2011.

VAN DE WEIJER-BERGSMA, E.; KROESBERGEN, E. H.; VAN LUIT, J. E. Verbal and visual-spatial working memory and mathematical ability in different domains throughout primary school. **Memory & cognition**, v. 43, n. 3, p. 367-378, 2015.

VISSER, T. A.; BODEN, C.; GIASCHI, D. E. Children with dyslexia: evidence for visual attention deficits in perception of rapid sequences of objects. **Vision Research**, v. 44, n. 21, p. 2521-2535, 2004.

XIANG, Z.; SCHWEINHART, I. L. **Effects five years later**: The Michigan school readiness program evaluation through age 10. Ypsilant, Mitch: High/Scope Press, 2002. Disponível em: www.highscope.org/research/msrpEvaluation/msrp-age10-2.pdf.

WYNN, K. Addition and subtraction by human infants. **Nature**, v. 358, p. 749–750, 1992.

WYNN, K. Infants possess a system of numerical knowledge. **Current directions in psychological science**, v. 4, n. 6, p. 172-177, 1995.

Zhang, X.; Lin, D. Pathways to arithmetic: The role of visual-spatial and language skills in written arithmetic, arithmetic word problems, and nonsymbolic arithmetic. **Contemporary Educational Psychology**, v. 41, p. 188-197, 2015.

YANG, X.; MENG, X. (2020). Visual Processing Matters in Chinese Reading Acquisition and Early Mathematics. **Frontiers in Psychology**, v. 11, n. 462, 2020.

# CONTRIBUIÇÕES DA PSICOPEDAGOGIA PARA O ALUNO COM DISCALCULIA

Raquel Maria Biral Faconti

O presente capítulo visa contribuir com algumas sugestões que, em geral, são mais aderentes com as demandas de professores que possuem educandos com Discalculia.

## CONSIDERAÇÕES INICIAIS

Ao se pensar em um aluno com Discalculia, primeiramente, devemos refletir quem é esse sujeito por trás da referida nomenclatura. Muitas vezes, estar preso ao rótulo trazido pelo diagnóstico, nos faz perder a dimensão do modelo de aprendizagem desse sujeito (Visca, 1987); das estratégias compensatórias que ele desenvolveu ou pode desenvolver para lidar de forma mais assertiva com sua dificuldade com cálculos, senso numérico e raciocínio lógico; assim como podemos deixar de pensar em possibilidades de propor caminhos pelos quais ele possa estabelecer uma vinculação mais positiva com o conteúdo (que pode estar em uma valência negativa em função das inúmeras tentativas fracassadas de lidar com o conhecimento matemático).

É importante que o professor de um educando com Discalculia estabeleça um forte vínculo de afetividade e confiança com o mesmo, para que esse se sinta seguro e possa encarar as diversas tentativas que terá pela frente no desenvolvimento do conhecimento matemático, de forma tranquila, muitas vezes, bem humorada e, que frente às diversidades do processo, não o façam desistir ou que possam abalar sua autoestima. Em outros capítulos deste livro você conheceu informações importantes sobre a Discalculia e, principalmente, as possibilidades de intervenções precoces e adaptações curriculares, entre tantas outras informações. Neste capítulo, iremos sugerir intervenções, à luz da Psicopedagogia, que poderão contribuir com sua prática escolar no que tange pontos específicos das dificuldades com cálculos e com o raciocínio. Buscamos em autores clássicos, assim como, em contribuições atuais uma série de sugestões que poderão auxiliar a adequar estratégias e atingir objetivos educacionais em relação ao ensino da Matemática de forma mais assertiva, lembrando que alguns princípios precisam ser mantidos em mente como a análise da linha de base; as habilidades, repertórios e dificuldades e defasagens apresentadas pelo educando; o currículo ano/série e o próprio PEI (Plano de Ensino Individualizado); bem como todo o contexto que está envolvido nos campos sócio afetivo e cultural do educando.

## SUGESTÕES DE ESTRATÉGIAS A SEREM UTILIZADAS PARA MELHORAR A AÇÃO DIDÁTICA E A APRENDIZAGEM COM O ALUNO DISCALCÚLICO

### USO DE RECURSOS CONCRETOS E MULTISENSORIAIS

Uma das primeiras sugestões a serem dadas para auxiliar o aluno discalcúlico é a tomada de recursos concretos e multissensoriais para que, dessa forma, potencialize-se o processo de aprendizagem e formação de linguagem receptiva dos conhecimentos matemáticos. Ao utilizar materiais concretos, passíveis de manipulação e que dispendem, momentaneamente, a conservação da informação em um nível mais abstrato, o educando pode adquirir, mais facilmente os conceitos, noções de quantidade, compreender sequências e procedimentos de operações e entender medidas, entre outros conceitos e dessa forma conseguir simbolizar as experiências. Como indicam Johnson e Myklebust (1987, p. 288), a Matemática é uma linguagem que possui aspectos internos receptivos e expressivos e, necessariamente, ela precisa partir da linguagem não verbal matemática para posteriormente, organizar-se em conhecimento simbólico: 1.º) criança assimila e integra as experiências não verbais; 2.º) aprende a associar símbolos numéricos às experiências; 3.º) expressa as ideias de quantidade, espaço e ordem usando a linguagem matemática o que converge para os apontamentos de Aebli (como citado em Rotta et.al., 2006, p. 197) desenvolveu um modelo didático para o aprendizado da matemática dividindo-o em quatro etapas:

1.ª ETAPA: AÇÕES QUE INCLUEM OBJETOS REAIS.

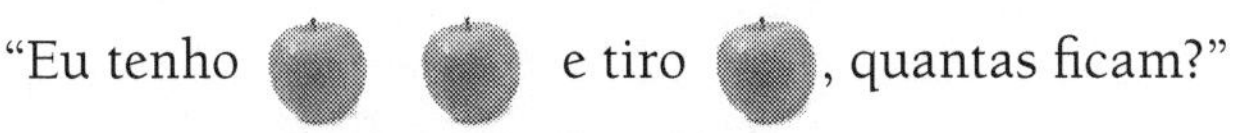


Figura 1 – Ações que incluem objetos reais.

Fonte: Imagem disponível em: http://2.bp.blogspot.com.
(Observação: o problema é oferecido de forma concreta, verbalmente e com a apresentação dos objetos).

2.ª ETAPA: ILUSTRAÇÃO SIMBÓLICA DA OPERAÇÃO MATEMÁTICA, OU SEJA, A REPRESENTAÇÃO DA REALIDADE É MODIFICADA EM UMA FORMA MAIS ABSTRATA.

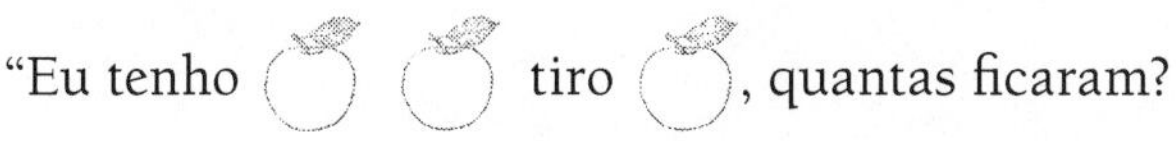


Figura 2 – Ilustração simbólica da operação matemática

Fonte: Imagem disponível em: http://desenhocolorir.net

3.ª ETAPA: TRANSFORMAÇÃO DOS SÍMBOLOS EM NÚMEROS, COM A VANTAGEM DA APLICABILIDADE UNIVERSAL.

"Qual é o resultado de 2 maçãs menos 1 maçã?

4.ª ETAPA: AUTOMATIZAÇÃO DE RESULTADOS CONHECIDOS, POR MEIO DA REPETIÇÃO.

A hierarquia no uso de estratégias concretas, semiconcretas e abstratas, também, é reforçada por Germano e Capellini (2019).

A partir dessa premissa, reforçamos a importância de uso de materiais concretos para que o educando discalcúlico possa compreender a linguagem não verbal dos conhecimentos matemáticos, para conseguir, em outro momento simbolizá-lo. Seguem algumas sugestões de materiais que podem ser empregados na atuação junto ao aluno:

- Material Dourado;
- Material Cuisinaire;

- Quadro valor lugar;
- Dinheiro de papel e moedas de plástico que reproduzem o objeto real;
- Miniaturas em quantidades de animais, objetos, frutas, carrinhos, etc.;
- Números e símbolos matemáticos de madeira, EVA, plástico, feltro e outros materiais;
- Discos e outros recursos de fração;
- Sólidos geométricos;
- Blocos Lógicos;
- Materiais Montessorianos como torre rosa, geoplano, réguas de adição e de subtração; barras vermelhas e azuis, encaixes sólidos, escada marrom, etc.;
- Ábaco;
- Lego.

Somente depois que o educando formar a linguagem não verbal dos conhecimentos abordados em nível concreto, o professor pode passar para o passo seguinte que é a aplicação desses conhecimentos em nível semiconcreto. O nível abstrato só poderá ser implementado junto ao educando, caso ele realmente tenha feiro o percurso de organização da informação nos níveis anteriores.

Figura 3 – Caixa com uma dúzia de ovos de plástico

Fonte: Acervo da autora.

O uso de materiais sensoriais é muito rico para ampliar os canais de entrada de informação (visual, tátil e auditivo), por meio deles, podemos agregar mais estimulação aos processos de experiência do educando, reforçar conceitos e oportunizar diferentes estratégias para a formação da linguagem receptiva e expressiva da matemática. Passar os dedos por cima de numerais traçados em lixa, EVA ou feltro; moldar numerais, símbolos e conceitos (argila, massa de modelar de diferentes densidades, massa de pão, entre outros.); usar o quadro azul quadriculado e giz (que auxilia, também, na organização espacial); realizar experiências sensoriais integradas com informações e conceitos matemáticos podem potencializar a aprendizagem do educando. Além do uso de estimulo auditivo de nomeação dos numerais e símbolos, pode se utilizar a verbalização tanto da fala privada, onde não há função comunicativa, mas sim, de auto monitoramento das próprias ações pelo escolar, (Dias; Seabra, 2013), quanto a fala do próprio professor, dessa forma, organiza-se os passos a serem cumpridos pelo escolar na execução das atividades matemáticas e se privilegia a memória operacional fonológica.

Figura 4 – Numerais de lixa

Fonte: Imagem disponível em: www.montessorimaterial.com.br

Figura 5 – Quadro azul quadriculado

Fonte: Imagem disponível em: www.montessorimaterial.com.br

Do método da argila, (Bozza, 2015) trouxemos uma contribuição do processo de modelagem em argila para a modelagem de objetos e conceitos que podem ser utilizados junto aos alunos com Discalculia:

Figura 6 – Modelagem em argila para o trabalho com conceitos matemáticos- modelado pela autora.

Figura 7 – Modelagem em argila para trabalhar conceitos espaciais (entre, ao lado, direito, esquerdo, em cima, embaixo, entre outros)

Fonte: Modelado pela autora.

## ENSINO DO CONHECIMENTO FÍSICO: CONHECIMENTO ACERCA DAS PROPRIEDADES DOS OBJETOS E DO CONHECIMENTO

Para compreender uma série de conhecimentos ligados à Matemática e, mais claramente, ao conhecimento lógico (o que se aplica, também, à Física e à Biologia) é importante o desenvolvimento do conhecimento físico ao aluno com Discalculia. Esse conhecimento precisará, novamente como indicado, ser organizado por meio de experiências concretas e multissensoriais. Contudo, antes de sugerirmos atividades a serem desenvolvidas com o educando, vamos trabalhar com alguns conceitos fundamentais do conhecimento físico à luz da Psicologia Genética. Segundo Piaget, 1975 (Wadsworth, 1984), o conhecimento físico é um tipo de conhecimento a respeito das propriedades físicas dos objetos, a criança adquire esse conhecimento por meio das ações sobre objetos; os objetos são as fontes de conhecimento. São exemplos deste conhecimento: tamanho, cor, textura, grossura, sabor, som, flexibilidade, densidade. Na mesma direção, Constance Kamii (1985) indica sobre o conhecimento físico:

> A ação da criança sobre os objetos e sua observação da reação do objeto são importantes em todas as atividades que envolvem o conhecimento físico. Entretanto, vemos dois tipos de atividades baseadas na relativa importância

da ação e observação. No primeiro tipo, atividades envolvendo o movimento de objetos (ou mecânica), o papel da ação da criança é primário e o da observação é secundário. Deixar uma bola rolar por uma rampa em direção a um recipiente é um exemplo desse tipo de atividade. O papel da ação é primário aqui porque há uma correspondência direta e imediatamente visível entre onde a criança posiciona a bola e onde a bola rola pela rampa. (...) O segundo tipo de atividade envolve as mudanças nos objetos. O preparo de cristais é um exemplo desta atividade. Em atividades envolvendo o movimento de objetos, os objetos apenas se movem_ eles não mudam. No preparo de cristais, entretanto o objeto em si muda. O papel da observação, portanto, torna-se primário e o papel da criança secundário. O papel da ação é secundário porque a reação do objeto não é nem direta nem imediata; ou seja, o resultado não é devido à ação da criança, mas às propriedades do objeto (Kamii, 1985, p. 21).

O conhecimento físico, como foi visto, é o conhecimento de objetos que estão 'lá fora' e são visíveis na realidade externa. O fato de que uma bola rola em uma rampa, que uma certa combinação de materiais produz cristais e que certos objetos flutuam na água é um exemplo de conhecimento físico. O fato de que uma bola pula quando atirada ao chão, enquanto um copo geralmente se quebraria, é também exemplo de conhecimento físico. A fonte de conhecimento físico está, portanto, principalmente no objeto, ou seja, na forma com que o objeto proporciona ao sujeito oportunidades para observação.

O conhecimento lógico – matemático, por outro lado, consiste nas relações que o sujeito cria e introduz nos, ou entre os objetos. Um exemplo de conhecimento lógico-matemático é o fato de que, no exercício de inclusão da classe, existem mais cubos que cubos azuis. Os cubos estão 'lá fora'- ou seja, visíveis na frente da criança. Entretanto, eles não são organizados dentro da classe de 'todos os cubos' compostos das subclasses cubos amarelos' e cubos azuis' até que a criança crie essa organização hierárquica e introduza –a entre os objetos (Kamii, 1985, p. 32-33).

Frente aos conceitos supramencionados, há uma série de atividades concretas e semiconcretas que o professor pode desenvolver para o que o aluno discalcúlico possa se aproprias dos conhecimentos físicos dos objetos como:

### AÇÕES QUE PROVOCAM O MOVIMENTO DOS OBJETOS:

O movimento dos objetos são produzidos basicamente por algumas ações como puxar; rolar; deslizar; inclinar; arremessar; deixar cair; assoprar; sugar; puxar; balançar; girar; equilibrar; chutar e saltar.

### AÇÕES QUE PROVOCAM MUDANÇAS NOS OBJETOS:

As mudanças nos objetos que ocorrem aqui indicam que o papel da observação do escolar é primário e o de sua ação é secundário:

colocar na água (ex.: açúcar); aquecer em água; aquecer em óleo; aquecer em forno; e resfriar no refrigerador.

### AÇÕES QUE PROVOCAM A TERCEIRA CATEGORIA DE FENÔMENOS:

Colocar na água; decantar, peneirar, fazer jorrar, derramar, observar e drenar; correr para pisar na sombra de outras pessoas; segurar e tocar (Wadsworth, 1984).

## ENSINO E MEDIAÇÃO DO CONHECIMENTO LÓGICO: CLASSIFICAÇÃO, SERIAÇÃO E CONSERVAÇÃO

O conhecimento lógico é um tipo de conhecimento abstrato e contém, entre, outras áreas de conhecimento como volume, tempo, velocidade e peso, as estruturas de classificação, seriação e conservação. Essas são estruturas são análogas às estruturas da matemática e subsidiam vários conhecimentos e conceitos matemáticos (Wadsworth, 1984). No caso do educando com Discalculia, é muito importante que o professor proponha atividades, exercícios e vivências que oportunizem o desenvolvimento desses conhecimentos. Sugerimos algumas atividades que possam auxiliar na organização de práticas, contudo, relembramos que é importante o uso do concreto, semiconcreto e abstrato. O nível abstrato e simbólico só deve ser utilizado quando o escolar formou sua linguagem interna e o conhecimento não verbal das informações:

- Ensinar diferenças e semelhanças;
- Ter ensinado o conhecimento físico acerca das propriedades dos objetos;
- Realizar agrupamentos por critérios;
- Preencher matrizes com figuras de dupla entrada;
- Hierarquizar elementos levando em conta grandezas;
- Compreender que determinados elementos terão a mesma quantidade, independentemente, da forma como se apresentam;
- Realizar atividades e brincadeiras que envolvam o conhecimento da intersecção;
- Trabalhar com a aplicabilidade de pertence e não pertence.

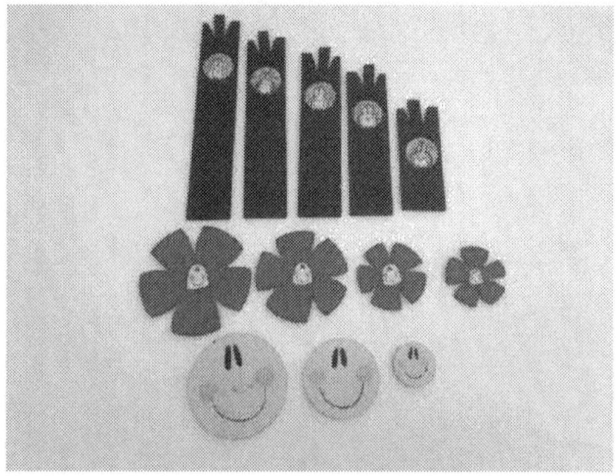

Figura 8 – Material de seriação

Fonte: Elaborado pela autora.

Figura 9 – Materiais de intersecção e inclusão

Fonte: Elaborados pela autora.

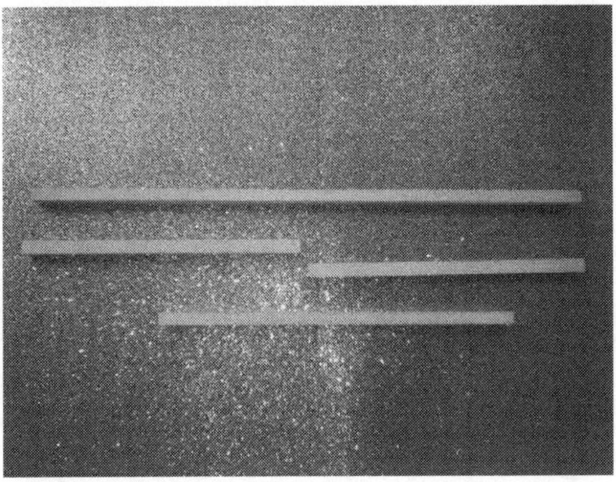

Figura 10 – Material de conservação de comprimento

Fonte: Adaptado pela autora.

## HABILIDADES PERCEPTIVAS E VISUOESPACIAIS

Bastos como citado em Rotta (2006, p. 204-205), Myklebust e Johnson, 1987 orientam o trabalho com atividades perceptivas viso espaciais como a percepção de formas e de figuras; incentivar o educando a observar detalhes, identificar semelhanças e diferenças; relacionar os conhecimentos de formas, figuras, semelhanças e diferenças com as experiências do dia a dia que estão presentes em fotos, atividades lúdicas, em casa e na escola, nos mercados e nos objetos e conhecimentos que são manipulados pelo educando. Há grande necessidade de reconhecimento de tamanhos, largura e espessura, retas, círculos e semicírculos, para, posteriormente, fornecer informações com números, letras e figuras geométricas simples e complexas.

## VISUALIZAÇÃO DE CONJUNTOS – SUBITIZAÇÃO

Uma atividade que consideramos de extrema importância no trabalho com alunos discalcúlicos é a de visualização de conjuntos ou subitização. Segundo Myklebust e Johnson, 1987, situações como não identificar um número de objetos agrupados e não conseguir visualizar subgrupos de informações dentro de um grupo maior, comprometem o desempenho em contagem, estimativa; interfere nas operações aritméticas e nas atividades que precisam da visualização de quantidades.

Sugerimos algumas atividades que podem auxiliar no exercício da subitização:

- Classificação de objetos diferentes;
- Contagem de objetos separados em diversos grupos;
- Uso de material concreto e depois abstrato;
- Cartões com pontos, primeiro, bem separados, e quando o escolar conseguir contar, realizar a proximidade dos pontos;
- Fornecer figuras com grupos com diferentes quantidades para o educando apontar onde há o maior número de elementos.

Figura 11 – Nozes de madeira

Fonte: Acervo da autora.

Figura 12 – Galinhas e pintinhos

Fonte: Imagem disponível em: http://www.editoradobrasil.com.br/

## USO DE OBJETOS DE APRENDIZAGEM – TICS

Uma das possibilidades que sugerimos, para educandos com Discalculia, é o uso de objetos de aprendizagem na atuação educacional em função da variação de estímulos oferecidos ao escolar, mesclando objetos concretos, abstratos e materiais de tecnologia para que o aluno não se sinta entediado frente às propostas de intervenção educacional. Os objetos de aprendizagem são elaborados com objetivos bem definidos para alcançar determinados conteúdos alvo. Um dos objetos de aprendizagem, dentre vários, que podemos indicar é a FAZENDA RIVED, (desenvolvido pelos autores: Schlünzen, Klaus Júnior; Tateoka, Renan Ricardo; Santos, Danielle A. do Nascimento dos; Schlünzen, Elisa Tomoe Moriya; Carvalho, Helton Augusto de; Pinheiro, Guilherme da Cruz, 2009) por ter um conteúdo dinâmico e básico, traz possibilidades de trabalhar com operações de adição e subtração, agrupamento, noções de contagem, entre outras possibilidades.

Figura 13 – Fazenda Rived

Fonte: Imagem disponível em: http://portaldoprofessor.mec.gov.br/.

## ENSINO DA RETA NUMÉRICA

O uso de régua numérica, indicada por Germano (2019, p. 206), é um recurso estratégico muito válido para atuar com educandos com discalculia. Ela auxilia no conhecimento hierárquico dos numerais, noção de sequência, antecessores e sucessores, números com grandezas maiores e menores que outros, conhecimento da cardinalidade e ordinalidade, conhecimento de contagem por agrupamentos de dois em dois, três em três e, assim, sucessivamente e, entre outros conhecimentos, possibilita a organização posterior de análise de gráficos em relação aos eixos de porcentagem, busca de páginas em livros e apostilas e o seguimento adequado dos numerais que asseguram a sequência de exercícios numerados em uma apostila, livro, quadro de giz e até, mesmo, em uma folha impressa como é o caso da avaliação.

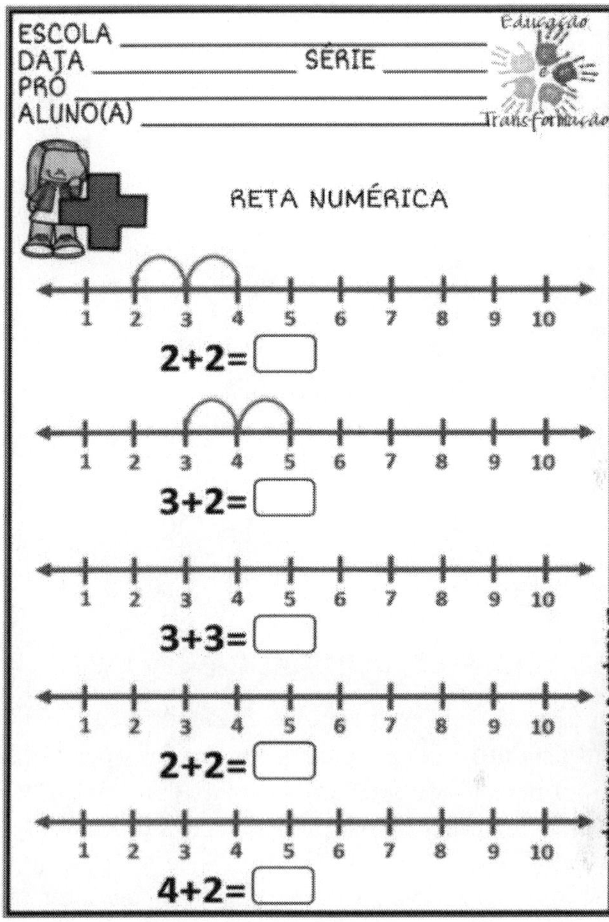


Figura 13 – Reta numérica

Fonte: Imagem disponível em: http:// educacaoe-transformacaooficial.blogspot.com

## ENSINO TERMO A TERMO

A correspondência biunívoca ou termo a termo é fundamental para a criança aprender a contar com sentido e entender o conceito de número emparelhamento de objetos um a um (Myklebust; Johnson, 1987). Sugerimos como um exercício muito eficiente para desenvolver a noção termo a termo no escolar discalcúlico o uso de pareamento de objetos (a possibilidade de objetos a serem utilizados é infinita). Ressaltamos, aqui, que o uso de estímulos táteis e auditivos são fundamentais de serem usados, como em todas as demais atividades indicadas neste capítulo.

Figura 14 – Material de madeira

Fonte: Acervo da autora.

## USO DE MATERIAL ESTRUTURADO

O uso de materiais estruturados é uma oportunidade bastante interessante a ser utilizada pelo professor, porque oportuniza atividades que foram pensadas e direcionadas para escolares discalcúlicos. Dentre os vários materiais no mercado, podemos destacar os seguintes:

Figura 15 – Materiais estruturados

Fonte: Imagem disponível em: www.booktoy.com.br

## USO DE MONITORAMENTO PARA AFERIR ESTRATÉGIAS E RESULTADOS

Um dos recursos mais importantes para ser utilizado pelo professor em sua abordagem com o escolar discalcúlico é o monitoramento. Por meio desse procedimento, é possível implementar uma abordagem sistematizada e processual. O professor terá condições de compilar, analisar, aferir dados de cada educando e, principalmente, daquele com dificuldades em relação ao seu próprio desempenho e evolução; poderá reforçar ou corrigir estratégias frente a uma mensuração dos avanços ou, não, da aprendizagem que estará sob acompanhamento sistemático de protocolos pré-aplicados (Machado; Bello; Santos, 2020). Assim, evita-se incorrer em erros de julgamentos pautados apenas em observações ou pareceres unicamente descritivos.

## CONSIDERAÇÕES FINAIS

Nota-se a importância de ser ver o escolar por trás do diagnóstico, antes de ser discalcúlico, esse educando possui anseios, expectativas, frustações pelas dificuldades sentidas em relação ao conhecimento matemático. Então, entender o modelo de aprendizagem do aluno, compreender seu meio social, os aspectos psicológicos e suas experiências trará ao professor insumos para preparar, de forma mais eficiente e assertiva, seu planejamento educacional. Entender cada escolar em seu quadro, como um ser único, auxilia o professor a levar o educando a minimizar os impactos de suas dificuldades em relação ao conhecimento matemático. O olhar precisa ser individualizado e, consequentemente, os planos de ensino individualizados precisam ser pensados de acordo com as potencialidades e dificuldades de cada um. Salientamos, também, a observação dos encadeamentos de conteúdos e dos pré-requisitos que precisam ser trabalhados para que haja efetividade de ensino, não podemos perder de vista, que os conteúdos se organizam em uma crescente de complexidade e que, é fundamental que pré-requisitos e conceitos básicos sejam muito bem sedimentados para garantirmos o sucesso na apreensão e aprendizagem do conteúdo pelo escolar.

## REFERÊNCIAS


BOZZA, M. G. C. **Argila**: Espelho da Auto Expressão. Um método para manifestação do Inconsciente. 2. ed. Curitiba: Edição do Autor, 2015.

CARVALHO, H. A.; SCHLÜNZEN, K. J.; SANTOS, D. A. N.; SCHLÜNZEN, E. T. M.; TATEOKA, R. R. **Fazenda Rived**. Núcleo de Educação Corporativa da FCT-UNESP, 2009.

CHIARAMONTE, T. C., LIPORACI, G. F. S.; CAPELLINI, S. A. **Manual de Estratégias para Dificuldades e Transtornos de Atenção, leitura, Escrita Ortográfica e Caligráfica**. 1. ed. Ribeirão Preto: Book Toy, 2019.

DIAS, N.; SEABRA, A. **Programa de Intervenção em Autorregulação e funções Executivas**. São Paulo: Memnon, 2013.

GERMANO, G. D.; CAPELLINI, S. A. **Compreendendo os Transtornos Específicos de Aprendizagem**: compreendendo a discalculia. 1. ed. Ribeirão Preto: Book Toy, 2019. v. 3.

JOHNSON, D. J.; MYKLEBUST, H. **Distúrbios de Aprendizagem**. 3. ed. São Paulo: Pioneira, 1987.

MACHADO, A. C., BELLO, S. F.; SANTOS, E. C. **Guia de Atividades Práticas para o Ensino das Habilidades de Matemática.** 1. ed. Ribeirão Preto: Book Toy, 2020.

KAMII, C.; DEVRIES, R. **O Conhecimento Físico na Educação pré-Escolar – Implicações da Teoria de Piaget**. Porto Alegre. Artes médicas, 1985.

ROTTA, N. T. (org.) **Transtornos de Aprendizagem – Abordagem Neurológica e Multidisciplinar.** Porto Alegre: Artmed, 2006.

WADSWORTH, B. J. **Piaget para o Professor de Pré-Escola e Primeiro Grau**. São Paulo: Pioneira, 1984.

VISCA, J. **Clínica Psicopedagógica Epistemologia Convergente**. Porto Alegre: Artes Médicas, 1987.

# INTERVENÇÃO COM AS ALTERAÇÕES MATEMÁTICAS NA EDUCAÇÃO INFANTIL

Rita dos Santos de Carvalho Picinini

## INTRODUÇÃO

A Matemática na Educação Infantil tem como objetivo oferecer às crianças experiências que ampliem seu conhecimento de habilidades e conceitos matemáticos. Cada vez mais pesquisas vêm demostrando a importância do conhecimento matemático inicial para o desenvolvimento da Matemática posterior.

Aprender a manipular quantidades, comparar, identificar números e contar são habilidades básicas essenciais para o desenvolvimento da aprendizagem matemática na Educação Infantil além das habilidades cognitivas de linguagem, memória de trabalho, atenção, velocidade de processamento e visuoespacial.

Portanto, conhecer, compreender e reconhecer o desenvolvimento das habilidades matemáticas e do pensamento matemático das crianças durante a Educação Infantil são fundamentais para ajudá-las a desenvolver novas estratégias e ampliar seus conhecimentos matemáticos.

Ao longo deste capítulo, baseados em evidências científicas, apresentaremos sugestões de atividades de intervenção que possam contribuir para novas oportunidades de aprendizagem matemática durante a Educação Infantil.

## EDUCAÇÃO INFORMAL E EDUCAÇÃO FORMAL

Pesquisas demonstram que sob condições controladas, bebês de poucas semanas já são capazes de reagir a mudanças de pequenas quantidades de elementos de uma coleção e que esse conhecimento matemático vai sendo gradualmente ampliado durante a Educação Infantil até o início do ensino formal (Wynn, 1995).

A aquisição deste conhecimento matemático é proposto por Geary (2000) em dois momentos: habilidades primárias e habilidades secundárias. As habilidades primárias são desenvolvidas espontaneamente e conhecidas como senso numérico, enquanto que as habilidades secundárias necessitam da pedagogia, do sistema de ensino, ou seja, da escolarização.

O desenvolvimento das habilidades primárias, desde bebê até a criança ser introduzida na Educação Infantil, ocorre através de estímulos matemáticos, experiências, jogos e brincadeiras de forma espontânea.

Estes estímulos matemáticos oferecidos às crianças antes do início da vida escolar, ou seja, fora da escola, é conhecido como Educação Informal. A Educação Informal matemática envolve várias habilidades tais como reconhecer e manipular quantidades, comparar magnitudes numéricas e contagem verbal (Raghubar; Barnes, 2017).

É durante a Educação Informal que são desenvolvidas as habilidades primárias, como Subitizing e Senso Numérico.

O Subitizing pode ser definido como a habilidade de determinar com precisão a quantidade de elementos de pequenos conjuntos sem o uso da contagem; já o senso numérico está relacionado à capacidade do indivíduo de entender, aproximar e manipular rapidamente quantidades numéricas. O indivíduo com bom desempenho no senso numérico é capaz de identificar entre muito e pouco (percepção de magnitude); relacionar o último numeral falado com a quantidade de objetos apresentados (cardinalidade); identificar características de objetos em dois ou mais objetos para fazer um julgamento (comparação); reconhecer medidas e estimar quantidades (Dehaene, 1997).

O senso numérico através da Educação Informal é desenvolvido a partir de situações e interações do dia a dia com o meio ambiente e fornece uma base para o desempenho e a competência da Educação Formal. Promover a compreensão matemática (senso numérico) antes do início da escolaridade formal impulsiona o desempenho acadêmico matemático a longo prazo e o desenvolvimento das habilidades matemáticas posteriores, como adição e subtração.

Dada a relevância do conhecimento do senso numérico, é fundamental no início da Educação Formal compreender possíveis dificuldades apresentadas pela criança em relação às habilidades primárias, pois o sucesso no desempenho das habilidades primárias apoia o êxito das crianças nas habilidades secundárias.

É durante a Educação Formal que os conhecimentos conceitual e procedimental são desenvolvidos através da pedagogia, ou seja, do ambiente educacional (Scaliseet *et al.*, 2017; Raghubar; Barnes, 2017).

Portanto, a Educação Infantil é a base importante para o desenvolvimento de toda estrutura matemática constituindo um caminho para o desenvolvimento das habilidades posteriores.

## DESENVOLVIMENTO DA COGNIÇÃO NUMÉRICA

A progressão do desenvolvimento das habilidades matemáticas é apresentada pelo Modelo de Desenvolvimento da Cognição Numérica desenvolvido por von Aster e Shalev (2007) a partir de quatro fases: a primeira é a Educação Infantil, que consiste em um sistema central de representação numérica cardinal inata e funções adjacentes (subitizing); a segunda é a Pré-Escola, período em que as crianças iniciam a aprendizagem de associar um número de objetos a palavras ouvidas e escritas (representação verbal); a terceira é o início do Ensino Fundamental no qual as crianças passam a fazer associações a dígitos sob a forma arábica, com o desenvolvimento da simbolização numérica e a quarta e última é o Ensino Fundamental, em cuja fase a criança já apresenta capacidade de explorar a linha numérica mental e a ordinalidade adquirida. Há também nesta quarta fase um aumento da capacidade da memória operacional, das habilidades de aproximação de cálculos e do pensamento aritmético através da linha numérica mental e da imagem visuoespacial. Desta forma, a partir do Modelo de Desenvolvimento da Cognição Numérica de von Aster e Shalev (2007) é possível identificar as habilidades essenciais para a Educação Infantil.

Ainda sobre o desenvolvimento típico das habilidades matemáticas para a Educação Infantil, Kaufmann (2008) considera que ao entrar na Educação Formal, a criança seja capaz de demonstrar compreensão das relações numéricas, de contar até 20 e dominar adição e subtração simples verbalmente, utilizando ainda, o uso dos dedos ou outros objetos concretos. Segundo a autora, a maioria das crianças na Educação Infantil já apresenta algumas habilidades de contagem verbal e de cálculo, sendo estas consideradas a base para a Matemática posterior.

Compreender esta progressão do desenvolvimento das habilidades matemáticas da criança até a Educação Infantil facilita o entendimento de suas dificuldades proporcionando, desta forma, a construção de ambientes de aprendizagem significativos com atividades eficazes para plano de intervenção Clements e Sarama (2009).

O desenvolvimento das habilidades matemáticas não está somente associado ao domínio numérico, mas também a habilidades de domínio cognitivo como o pensamento abstrato, habilidades visuoespaciais, memória de trabalho, velocidade de processamento e proficiência em linguagem, habilidades estas que também devem ser consideradas e observadas durante a Educação Infantil para, se necessário, a elaboração do plano de intervenção precoce segundo Kaufmann (2008).

## DIFICULDADES MATEMÁTICAS OU TRANSTORNO DE APRENDIZAGEM MATEMÁTICA

Entender as dificuldades matemáticas apresentadas pela criança nos ajuda a identificar quais as causas que interferem no processo de aprendizagem matemática. Estas causas podem estar relacionadas à origem neurológica ou não neurológica. As dificuldades matemáticas de origem não neurológica estão associadas a fatores escolares, sociais ou emocionais e são extrínsecas à criança. Já as dificuldades matemáticas de origem neurológica são consideradas como dificuldades intrínsecas à criança e não estão relacionadas a nenhum fator externo, sendo identificadas como um Transtorno Especifico de Aprendizagem Matemática e definida como um distúrbio primário (Discalculia do Desenvolvimento ou Acalculia) ou um distúrbio secundário (quando as causas forem por comprometimentos não numéricos por exemplo, Transtorno de Défice de atenção, ou Dislexia) (Bastos, 2008).

Atualmente, já é possível identificar precocemente crianças, na Educação Infantil, com risco em Dificuldades Matemáticas ou Discalculia, mas para uma avalição diagnóstica é importante que a criança tenha a faixa etária entre 6 e 7 anos de idade e esteja em fase de alfabetização.

Durante a avaliação para o diagnóstico de Discalculia, devemos identificar se a dificuldade envolve habilidades de domínio específico da cognição numérica (Senso Numérico), ou a dificuldade envolve habilidades de domínio cognitivo classificados como subtipos, Verbal, Executivo ou Visuoespacial. As dificuldades do Senso Numérico envolvem habilidades básicas de compreensão de quantidade, cálculo simples, estimação de quantidade e tarefas não simbólicas. O subtipo Verbal está relacionado a dificuldades na recuperação de fatos aritméticos, na sequência de contagem, tarefas que envolvem habilidades linguísticas e verbais. O subtipo Executivo envolve dificuldades na recuperação dos fatos aritméticos, em estratégias e procedimentos matemáticos e baixo nível na construção de conceitos matemáticos. E, finalmente, o subtipo Visuoespacial se relaciona à dificuldade na percepção não simbólica da informação, à manipulação de quantidades e ao posicionamento do número durante as operações (Wilson; Dehaene, 2007). Compreender o subtipo específico da Discalculia possibilita a elaboração personificada do plano de intervenção.

É importante que a avaliação diagnóstica seja realizada, quando possível, por uma equipe multidisciplinar com o propósito de compreender o processo de aprendizagem específico de cada criança e identificar as causas de suas dificuldades. A partir dessa avaliação, a criança pode ser identificada como de risco para Dificuldades Matemáticas ou Discalculia, sendo sugeridas as intervenções mais adequadas. A elaboração de um plano de intervenção, a partir da avaliação diagnóstica, deve incluir diferentes abordagens e componentes instrucionais que contribuam para as melhorias no desempenho em Matemática de cada criança.

## EMPODERAMENTO DAS CRIANÇAS NAS HABILIDADES MATEMÁTICAS

Como visto anteriormente, algumas habilidades matemáticas são cruciais para a Educação Infantil. O desenvolvimento destas habilidades tende a facilitar a aprendizagem da criança para a Matemática e minimizar certas dificuldades, ou seja, o conhecimento matemático posterior depende da aquisição e retenção das habilidades básicas adquiridas durante a Educação Infantil.

Já na Educação Infantil, algumas crianças podem apresentar insucesso nas habilidades matemáticas limitando a sua capacidade no desenvolvimento da aprendizagem matemática posterior. O insucesso nas habilidades matemáticas pode ser identificado através de uma sondagem. Essa sondagem consiste em atividades propostas para a criança, considerando sua faixa etária específica para Educação Infantil. A partir da sondagem é possível elaborar um plano de intervenção precoce que pode minimizar dificuldades futuras.

Desta forma, é importante entender quais são as habilidades básicas necessárias para o desenvolvimento da aprendizagem matemática na Educação Infantil, possibilitando a prevenção e quando necessário uma possível intervenção em crianças de risco. Através de um plano de intervenção bem elaborado, podem ser exploradas diferentes ferramentas e estratégias que apresentem respostas positivas facilitando o desenvolvimento da aprendizagem matemática da criança durante a Educação Infantil (Björklund *et al.*, 2020; Purpura; Ganley, 2014).

A intervenção precoce é facilitadora para a compreensão e o desenvolvimento da aprendizagem matemática em especial nos primeiros anos de escolarização e tem como objetivo três momentos: promover a aprendizagem e desenvolver a compreensão do aluno (questionamento/mediação facilitador); fornecer oportunidades para a resposta (oportunidades frequentes da criança expressar seu pensamento seguido de retorno instrutivo) e conscientização sobre os números no mundo real (conectar a matemática ao mundo real ) (Sood, 2011).

Um plano de intervenção desenvolvido durante a Educação Infantil estabelece não apenas a base para um bom desempenho, mas também para um bom desenvolvimento no ensino formal posterior.

O profissional, seja ele do ambiente escolar ou da clínica deve propor experiências que ofereçam a criança oportunidades de vivenciar o conhecimento matemático fornecendo desta forma uma aprendizagem de descobertas, de discussões, reflexões e mediações.

São muitas as oportunidades de atividades (experiências) de intervenção que enriquecem o desenvolvimento da compreensão e das habilidades matemáticas nas crianças, permitindo que ela raciocine, crie, se envolva, desenvolva seu pensamento matemático e se familiarize com os conceitos e procedimentos matemáticos.

Mencionaremos a seguir algumas pesquisas relacionadas à intervenção no ensino e aprendizagem da Matemática na Educação Infantil fazendo com que as crianças vivenciem suas próprias experiências e investigações (Björklund *et al.*, 2020).

Scalise *et al.*, 2017 elaboraram um plano de intervenção para pré-escolares na faixa etária de 3 anos e 6 meses a 5 anos e 7 meses com objetivo de desenvolver o conhecimento da magnitude não simbólica através de atividades lúdicas e motivacionais. O estudo foi realizado através de seis sessões de 15 a 20 minutos durante um período de 3 semanas. Os autores utilizaram dois jogos, Guerra e Memória, contendo cartas para melhorar o conhecimento simbólico numérico das crianças, especificamente as habilidades de comparação de magnitude numérica simbólica, contagem verbal de 1 a 10 e identificação de numerais escritos de 1 a 10, bem como seu conhecimento de magnitude numérica não simbólica. O Jogo 1, Guerra (comparação de magnitude numérica), era uma tarefa em que a criança virava as cartas e determinava qual tinha a maior quantidade, o objetivo desta atividade era saber se a prática com um jogo de cartas de comparação de magnitude aumentaria a compreensão da magnitude numérica dos pré-escolares. No Jogo 2 – Memória (correspondência numérica), as cartas eram viradas para baixo e a criança deveria encontrar a correspondência entre quantidade e símbolo visual. Segundo os autores, esta intervenção com jogos oferece oportunidades de praticar a contagem, identificar numerais e, mais importante, fazer comparações de magnitude entre dois números para determinar qual dos números representados nas cartas é o maior além de fazer com que a criança lembre a localização das cartas no jogo 2. O estudo demonstrou resultados com efeitos significativos para melhorar as habilidades numéricas básicas de crianças em especial a habilidade de magnitude numérica.

Para o desenvolvimento dos princípios da Contagem, Clements e Sarama, (2010) descrevem uma trajetória a partir da faixa etária da criança e do programa Blocos de Construção (*Building Blocks*). Com 1 ano de idade, a criança é considerada um Pré-Contador Verbal (Sem contagem em voz alta) e canta/conta os nomes dos números, às vezes de forma confusa. Nesta fase, os autores sugerem associar palavras numéricas a quantidades e, como componentes da sequência de contagem, repetir esta experiência com a sequência de contagem em diferentes contextos.

Aos dois anos, como a criança já consegue ser um Recitador Verbal, conta verbalmente com palavras separadas, não necessariamente na ordem correta, deve-se explorar atividades que forneçam experiências repetidas e frequentes com a sequência de contagem em contextos variados. Aqui os autores sugerem uma brincadeira com carros em uma pista de corrida incentivando as crianças a contarem verbalmente um carro de cada vez enquanto correm.

Aos 3 anos, a criança já consegue ser um Recitador Verbal, ou seja, já conta verbalmente até dez, com alguma correspondência com objetos e também consegue ser um Combinador, pois mantém uma correspondência um a um entre as palavras de contagem e os objetos (uma palavra para cada objeto), pelo menos para pequenos grupos de objetos colocados em uma linha. Para o Recitador Verbal, os autores sugerem como intervenção a atividade de Contar e Mover. Na atividade de Contar e Mover, a criança é convidada a contar de 1 a 10 fazendo movimentos em cada contagem. Por exemplo, diga "um" (tocar a cabeça), "dois" (tocar os ombros), "três" (tocar a cabeça) e assim por diante. Já para o Combinador, a sugestão é Contagem na Cozinha. Nesta atividade, as crianças clicam em objetos, um de cada vez, enquanto os números de um a dez vão sendo contados em voz alta.

Com quatro anos, as crianças já são pequenos Contadores, de números pequenos, contam com precisão até cinco objetos em uma linha e respondem a pergunta "quantos" com último número contado e também Produtores de números pequenos, conta objetos até cinco. Reconhece que contar é importante em situações nas quais um certo número deve ser indicado. A atividade sugerida aqui para o Contador chama-se Cubos na Caixa, a criança deve contar um pequeno número de cubos. Em seguida, estes cubos são colocados em uma caixa fechada e é perguntado à criança quantos cubos foram escondidos. A criança pode numerar verbalmente e, se conseguir, também escrever o numeral. Para conferir, retire os cubos da caixa e conte junto com a criança dando um retorno. Outra sugestão é a atividade Pizza. As crianças devem contar até cinco itens, estes são coberturas de pizzas e devem colocar as coberturas na pizza combinando a quantidade mencionada. Para Produtor de Números, sugere-se contar movimentos. Inicia-se a atividade contando junto com a criança o número de vezes que você pula ou bate palmas, ou faz algum outro movimento. Em seguida, peça que repita os movimentos o mesmo número de vezes.

Finalmente, aos cinco anos, a criança já tem capacidade de ser um Contador e Produtor (10+), pois ela conta verbalmente e com precisão até 10 objetos e vai além (até cerca de 30). A criança já tem compreensão explícita da cardinalidade (como os números indicam a quantidade), consegue manter o controle dos objetos que foram e não foram contados, mesmo em diferente disposição. A sugestão de atividade aqui é Contando Torres (além de 10). A criança deve construir várias torres o mais alto possível com 20 ou mais objetos, sem derrubá-las. O objetivo é estimar e depois contar quantos objetos estão na torre mais alta. Portanto, Clements e Sarama, (2010) mencionam acima algumas sugestões que podem colaborar para o desenvolvimento matemático considerando a faixa etária específica.

Pesquisas atuais incentivam também o uso dos dedos para estruturar relações numéricas argumentando que o uso adequado dos dedos pode contribuir para o desenvolvimento numérico e estabelecer vínculo entre dedos e numerosidade. Sugerem intervenções que possam ajudar na construção de representações numéricas estáveis, no fortalecimento do vínculo entre representações concretas e análogas e códigos simbólicos verbais através de representações numéricas baseadas em dedos considerando o fortalecimento benéfico para o desenvolvimento numérico posterior. As pesquisas de intervenções baseadas em dedos relatam que crianças com boa representação numérica baseada em dedos demostram melhores procedimentos em habilidades aritméticas como contar, cardinalidade, correspondência um a um, problemas aritméticos e também um maior conhecimento do sistema numérico (Kullberg; Björklund, 2020; Baccaglini-Frank *et al.*, 2020; Moeller *et al.*, 2012; Lafay *et al.*, 2013).

O conhecimento do sistema numérico também contribui para o desempenho da linha mental numérica. A linha mental numérica pode ser usada como um fator de desenvolvimento na compreensão das crianças do sistema numérico simbólico. A localização de números na linha mental numérica está relacionada tanto a habilidades visuoespaciais, como habilidades matemáticas, pois requer conhecimentos e processos de raciocínio (ou alguma outra estratégia) para conectar o número à posição na linha (ou vice-versa). LeFevre *et al.* (2013) investigaram a relação entre habilidades de raciocínio espacial e crescimento na performance da linha mental numérica e encontraram resultados significativos entre a habilidade visuoespacial e o desempenho da linha mental numérica aritmética e sistema numérico confirmando a hipótese que a habilidade visuoespacial prevê o desenvolvimento da linha mental numérica. Este estudo colabora para que durante a intervenção deva também ser explorado o desenvolvimento da habilidade visuoespacial, pois esta é um preditor importante para o desempenho da criança na linha mental numérica. A criança precisa ter habilidade para compreender e identificar linha mental numérica, determinar a localização aproximada de um número ao longo da linha e indicá-lo como uma localização espacial explícita.

A compreensão e identificação da linha mental numérica, embora seja associada a números, a habilidade visuoespacial também inclui a compreensão de representações verbais. A compreensão das representações verbais ocorre através de palavras como "antes", "depois", "maior", "menor", "mais próximo de", "adicionar" e "subtrair". Estas palavras devem fazer parte do vocabulário cotidiano das crianças, uma vez que irão colaborar com o significado matemático dessas palavras e conceitos. Compreender o vocabulário em contextos matemáticos permite que as crianças trabalhem com números de uma forma mais tranquila. Considerando esta ideia, Hassinger-Dasa *et al.*, 2015, examinaram a eficácia de uma intervenção com livros de histórias para melhorar o vocabulário matemático e competências numéricas das crianças em risco. Através de livros de histórias, foi explorado o vocabulário matemático como "igual", "mais" e "menos" e conceitos de números fazendo uma ponte entre o vocabulário conceitual específico da matemática e a instrução matemática. Segundo os autores, o vocabulário matemático ajuda as crianças a descobrirem semelhanças entre os itens e aprender maneiras de descrever seus atributos: por exemplo compreender e usar adequadamente as palavras "maior" e "menor" ajuda a entender qual número é maior ou menor entre dois números. O estudo demonstrou que a intervenção com livros de histórias pode desenvolver o vocabulário matemático, além de beneficiar a compreensão dos conceitos e termos matemáticos.

Considerando ainda a importância do vocabulário matemático, Anghileri (1995) enfatiza o papel da linguagem e do vocabulário matemático na construção do conhecimento sendo que este vocabulário consiste em palavras e símbolos que têm significados relacionados a contextos particulares e a procedimentos para resolver problemas. Para o autor, a aritmética tem muitas palavras e símbolos que podem ser interpretados de diferentes maneiras como, por exemplo, o sinal de adição (+) pode ser uma cruz; sinal de aumento de volume; adicionar, somar, que cada palavra ou frase indicando uma interpretação pode corresponder a um procedimento. As crianças precisam desenvolver flexibilidade na interpretação de palavras e símbolos e associar a eles diferentes significados e procedimentos para a resolução de diferentes problemas. O domínio da linguagem matemática das crianças precisa se desenvolver a partir do uso e da compreensão de palavras e frases simples para o desenvolvimento de termos matemáticos e símbolos mais sofisticados capazes de expressar relações complexas com precisão. Mesmo as palavras mais "simples" podem ter vários significados que as crianças passam a compreender progressivamente. O desenvolvimento da linguagem matemática será evidente à medida que as crianças forem capazes de articular múltiplas conexões entre palavras, símbolos, significados, contextos e procedimentos para cada uma das operações matemáticas (Anghileri, 1995).

Oferecer experiências que ilustram uma diversidade de significados para palavras e símbolos matemáticos bem como selecionar interpretações apropriadas para as mesmas; usar a linguagem matemática; e adaptar procedimentos para combinar diferentes tipos de problemas são oportunidades para as crianças compartilharem seus pensamentos e refletirem sobre os procedimentos e a linguagem que estão usando. Para desenvolver as habilidades necessárias na resolução de problemas aritméticos, as crianças precisam perceber que algumas palavras e símbolos têm significados diferentes (Anghileri, 1995).

Para Palmér e van Bommel (2018), a Educação Infantil é vista como um ambiente lúdico no qual a criança explora linguagem, interpretações, reflexões, criatividade, curiosidade, resolução de problemas e brincadeiras com a intenção de desenvolver a aprendizagem. Em seu estudo sobre intervenção em resolução de problemas, Palmér e van Bommel (2018) enfatizaram que as crianças pequenas podem trabalhar com resolução de problemas matemáticos sem conseguir ler ou escrever, sem precisar se concentrar em conceitos numéricos básicos e procedimentos. Para os autores, as crianças precisam de experiências, que as envolvam nas atividades de resolução de problemas matemáticos sem a necessidade de habilidades e conceitos específicos. As atividades de resolução de problemas devem ser compreendidas pelas crianças sem a necessidade de um método previamente definido. Além disso, devem ser adaptáveis de uma criança a outra, com a possibilidade de utilizar diferentes estratégias na resolução do problema, sem exigir habilidades de leitura e escrita, abordando diferentes contextos matemáticos, onde cada criança terá oportunidade de expressar suas habilidades e experiências. Os autores observaram através dessa intervenção que as crianças da Educação Infantil são capazes de resolver problemas matemáticos de uma forma divertida, acessível, e consideram a resolução de problemas um ponto de partida para o desenvolvimento matemático.

Cragg e Gilmore (2014) investigaram como as habilidades de Função Executiva apoiam a aquisição de novos conhecimentos matemáticos. Segundo os autores, a Função Executiva monitora e manipula informações na mente (memória de trabalho), inibe informações irrelevantes e respostas indesejadas (inibição), mantém a flexibilidade do pensamento (deslocamento) e desempenha um papel relevante no desenvolvimento matemático, corroborando com outros estudos em que a memória de trabalho e Funções Executivas centrais (inibição, deslocamento e atualização), também são responsáveis pelo cálculo escrito e verbal, além da resolução de problemas matemáticos (Purpura; Ganley, 2014; Cragg; Gilmore, 2014; Van der Ven *et al.*, 2012).

Purpura e Ganley (2014) também investigaram a relação da memória de trabalho verbal como preditor para várias habilidades matemáticas básicas em crianças da Educação Infantil. Segundo os autores, para as crianças responderem corretamente certas atividades precisam concluir diferentes etapas como, por exemplo, em tarefa de cardinalidade, a criança não só precisa manter o tamanho do conjunto solicitado em sua memória, mas também realizar o ato de contar o conjunto até atingir o número especificado; em uma tarefa de comparação de conjuntos, a criança precisa ser capaz de enumerar cada um dos conjuntos, manter os tamanhos totais dos conjuntos em sua memória e, em seguida, identificar qual conjunto é o maior. Nestas duas tarefas observaram uma possível diferença, pois provavelmente a carga de memória de trabalho foi diminuída na tarefa de comparação de números, uma vez que a criança não precisa enumerar a quantidade de cada número porque já foi fornecido. Os resultados deste estudo apoiaram a hipótese inicial dos autores que as diferentes habilidades matemáticas básicas estão relacionadas à memória de trabalho, sugerindo também uma intervenção com foco nesta habilidade.

A partir das pesquisas mencionadas acima, observa-se que os profissionais envolvidos com Educação Infantil devam criar um ambiente rico e com experiências pedagógicas que envolvam as crianças em uma Matemática divertida, que oferece oportunidades de aprendizagem e promove o desenvolvimento de toda estrutura do conhecimento matemático.

## CONSIDERAÇÕES FINAIS

Atualmente, projetos de pesquisa permitem investigações do desenvolvimento das habilidades matemáticas durante a Educação Infantil oferecendo informações relevantes sobre as competências matemáticas, habilidades cognitivas, avaliação e intervenção precoce em crianças de risco para dificuldades matemáticas nesta faixa etária. Já sabemos que as habilidades matemáticas e os conhecimentos numéricos são importantes para o sucesso com a matemática, mas outros fatores cognitivos também desempenham um papel relevante.

Sem uma base sólida no desenvolvimento das habilidades numéricas, as crianças provavelmente terão dificuldades em adquirir habilidades matemáticas posteriores e correm maior risco de desenvolver dificuldades matemáticas.

Neste capítulo, buscamos identificar as bases do desenvolvimento das habilidades matemáticas na Educação Infantil com objetivo de identificar crianças em risco para dificuldades matemáticas e sugerir algumas intervenções precoces oferecendo oportunidades destas crianças prosperarem na aprendizagem da Matemática.

Elaborar plano de intervenção precoce, baseado em estudos científicos, onde a criança possa experimentar e explorar com entusiasmo ambientes ricos, com oportunidades de diferentes atividades (experiências) propostas, permite o desenvolvimento das habilidades numéricas e aritméticas e a fluência matemática.

Portanto, segundo os estudos acima mencionados, não há dúvidas de que atividades de intervenção precoce oferecem oportunidades para a aprendizagem dos conceitos e princípios básicos matemáticos e que a forma como a criança é envolvida nas atividades propostas pode facilitar sua relação com o desenvolvimento dos conhecimentos matemáticos.

## REFERÊNCIAS


ANGHILERI, J. Language, arithmetic and the negotiation of meaning. **For the Learning of Mathematics**, v. 21, p. 3–8, 1995.

BACCAGLINI-FRANK, A.; CAROTENUTO, G.; SINCLAIR, N. Eliciting preschoolers' number abilities using open, multi-touch environments. **ZDM Mathematics Education**, v. 52, p. 779-791, 2020. DOI: https://doi.org/10.1007/s11858-020-01144-y.

BASTOS, J. A. **O cérebro e a matemática**. São Paulo: Edição do Autor, 2008.

BJÖRKLUND, C.; HEUVELPANHUIZEN, M. v. d.; KULLBERG, A. Research on early childhood mathematics teaching and learning. **ZDM Mathematics Education**, v. 52, p. 607-619, 2020.

CLEMENTS, D. H.; SARAMA, J. Learning trajectories in early mathematics – sequences of acquisition and teaching. **Encyclopedia of language and Literacy Development**, p. 1-7, 2009.

CRAGG, L.; GILMORE, C. Skills underlying mathematics: The role of executive function in the development of mathematics proficiency. **Trends in Neuroscience and Education**, v. 3, n. 2, p. 63–68, 2014. DOI: 10.1016/j.tine.2013.12.001.

DEHAENE, S. **The number sense**. New York: Oxford University Press, 1997.

GEARY, D. C. An evolutionary perspective on learning disability in mathematics. **Dev Neu-ropsychol**, v. 32, n. 1, p. 471-519, 2007.

GEARY, D. C. Development and Measurement of Preschoolers' Quantitative Knowledge. **Mathematical Thinking and Learning**, v. 17, n. 2-3, p. 237–243, 2015. DOI: 10.1080/10986065.2015.1016823

KAUFMANN L. Dyscalculia: neuroscience and education. **Educational research; a review for teachers and all concerned with progress in education**, v. 50, n. 2, p. 163–175, 2008. DOI: https://doi.org/10.1080/00131880802082658.

KULLBERG, A.; BJÖRKLUND, C. Preschoolers' diferent ways of structuring part--part-whole relations with fnger patterns when solving an arithmetic task. **ZDM Mathematics Education**, v. 52, p. 767-778, 2020. DOI: https://doi.org/10.1007/s1185 8-019-01119-8.

LAFAY, A.; THEVENOT, C.; CASTEL, C.; FAYOL, M. The role of fingers in number processing in young children. **Frontiers in Psychology**, v. 4, n. 488, 2013. DOI: 10.3389/fpsyg.2013.00488

LEFEVRE, J.; JIMENEZ LIRA, C.; SOWINSKI, C.; CANKAYA, O.; KAMAWAR, D.; SKWARCHUK, S.-L. Charting the role of the number line in mathematical development. **Frontiers in Psychology**, v. 4, p. 1–9, 2013. DOI: 10.3389/fpsyg.2013.00641.

MOELLER, K.; FISCHER, U.; LINK, T.; WASNER, M.; HUBER, S.; CRESS, U.; NUERK, H-C. Learning and development of embodied numerosity. **Cognitive Processing**, v. 13, 271–274, 2012.

PALMÉR, H., & VAN BOMMEL, J. (2018b). Problem solving in early mathematics teaching: A way to promote creativity? Creative Education, 9, 1775–1793

PURPURA, D. J.; GANLEY, C. M. Working memory and language: Skill-specific or domain-general relations to mathematics? **Journal of Experimental Child Psychology,** v. 122, p. 104–121, 2014. DOI: http://dx.doi.org/10.1016/j.jecp.2013.12.009.

RAGHUBAR, K. P.; BARNES, M. A. Early numeracy skills in preschool-aged children: a review of neurocognitive findings and implications for assessment and intervention. **The Clinical Neuropsychologist**, v. 31, n. 2, p. 329–351, 2017. DOI: https://doi.org/10.1080/13854046.2016.1259387.

SCALISE, N.; DAUBERT, E.; RAMANI, G. B. Narrowing the early mathematics gap: A playbased intervention to promote low-income preschoolers' number skills. **Journal of Numerical Cognition**, v. 3, p. 559-581, 2017. DOI: 10.5964/jnc.v3i3.72.

VAN DER VEN; S. H. G.; KROESBERGEN, E. H.; BOOM, J.; LESEMAN, P. P. M. The development of executive functions and early mathematics: A dynamic relationship. **British Journal of Educational Psychology**, v. 82, n. 1, p. 100–119, 2012. DOI: http:// dx.doi.org/10.1111/j.2044-8279.2011.02035.x.

WILSON A.J.; DEHAENE S. Number sense and developmental dyscalculia. (2007). *In:* COCH, D.; DAWSON, G.; FISCHER, K. (ed.). **Human behavior, learning, and the developing brain**: Atypical development. New York: Guilford Press, 2007. p. 212–38

WYNN, K. Origins of numerical knowledge. **Mathematical Cognition**, v. 1, n. 1, p. 35–60, 1995.

# TENHO UMA ALUNA COM DISCALCULIA, E AGORA?

Liene Rossi

Flavia Heloisa Santos

## INTRODUÇÃO

A Discalculia do Desenvolvimento (DD) constitui-se de dificuldades matemáticas graves e persistentes que não são decorrentes de estudos inadequados ou déficits intelectuais, sensoriais ou emocionais. A avaliação diagnóstica, que considera o neurodesenvolvimento, histórico médico, escolar e familiar, bem como desempenho cognitivo em testes padronizados é um passo crucial para auxiliar crianças com este perfil, pois, contribui para definir a intervenção adequada. Objetivo: Apresentar o estudo de caso de uma criança com DD comparando o seu desempenho nas habilidades de cognição numérica, desempenho escolar, raciocínio lógico e abstrato, memória operacional, velocidade de processamento cognitivo, atenção visual, funções executivas e aspectos emocionais em dois momentos, antes e após a intervenção por meio de treino cognitivo computadorizado. Método: O estudo inclui avaliação com a criança, entrevista com os pais e intervenção cognitiva computadorizada. Participou deste estudo uma menina de 8 anos, estudante do terceiro ano de uma escola municipal de Bauru (SP). Ela foi avaliada por meio de testes cognitivos nos domínios: raciocínio abstrato, cognição numérica Funções Executivas (controle inibitório e flexibilidade cognitiva), memória operacional; bem como por escalas comportamentais relacionadas ao estresse e à ansiedade matemática. Resultados: A anamnese realizada com os pais demonstrou que não houve problemas gestacionais e o desenvolvimento neuropsicomotor foi dentro do esperado para sua idade. Os pais relataram que a filha sempre apresentou dificuldades com números. A avaliação do raciocínio abstrato, memória operacional e funções executivas resultou em desempenho médio dada a idade, exceto no subteste de contagem, cujo desempenho foi inferior à média esperada. Nas escalas de estresse, os sintomas foram mínimos, contudo, a ansiedade à matemática foi moderada. O alcance escolar de Luana apresentou resultados médios para os testes de leitura e escrita e inferior para aritmética dada a série escolar. Seu desempenho geral na bateria de Cognição Numérica foi notavelmente abaixo do esperado para a idade apresentando prejuízo grave (-3 desvios padrão) em relação à média esperada para a idade. Este perfil é indicativo do diagnóstico de DD primária. Em seguida, Luana recebeu intervenção com o Calcularis (20 sessões de treino, 20 minutos cada, 5 vezes por semana). Realizar a intervenção durante um mês, produziu melhora das habilidades matemáticas. Os resultados da avaliação pós-treino indicaram que Luana apresentou melhor desempenho para senso numérico, compreensão numérica e contagem. A criança também melhorou em habilidades não treinadas (memória fonológica), as quais possuíam estímulos e processos comuns incorporados nas tarefas: transcodificação de números. A ansiedade à matemática manteve-se moderada. Faz-se necessário a continuidade de pesquisas sobre intervenções eficazes no tratamento da DD. O capítulo oferece ainda recomendações para professores sobre como auxiliar crianças com DD.

**Palavras-chave:** Discalculia do Desenvolvimento. Cognição Numérica. Ansiedade à Matemática.

## INTRODUÇÃO

Cognição numérica é um campo de investigação interdisciplinar dentro das Neurociências que investiga os processos de numerosidade e da aprendizagem de habilidades quantitativas secundárias em pessoas com desenvolvimento típico e atípico, assim como em outras espécies, bem como nos modelos computacionais (Cohen- Kadosh; Dowker, 2015).

São sistemas da cognição numérica: cardinal (por exemplo, o bebê perceber quantidades de forma automática), verbal (exemplo o bebê ouvir conceitos de muito, pouco e pequeno), arábico (a criança compreender que um determinado numeral compreende a uma quantidade de unidades) e ordinal (quando inicia-se o pensamento matemático, estimar quantidades, por exemplo) (Von Aster; Shalev, 2007), entretanto sua proficiência depende da escolarização e do desenvolvimento de outras habilidades cognitivas, em especial a memória operacional.

Em Neuropsicologia, a Discalculia do Desenvolvimento (DD) se refere a um transtorno de aprendizagem que se caracteriza por um conjunto de disfunções da cognição numérica, as quais se iniciam precocemente e produzem variadas combinações de déficits nos sistemas do senso numérico (que implica na habilidade de perceber uma dada quantidade quando unidades são adicionadas ou retiradas de um dado conjunto), processamento numérico (compreensão e produção do número) e cálculo. Estas disfunções são persistentes ao longo do tempo, ainda que mutáveis em função do desenvolvimento e da aprendizagem (Santos, 2017).

Entretanto, uma criança pode apresentar notas baixas e dificuldades em matemática, sem que isso corresponda a um transtorno de aprendizagem. Na maioria dos casos, as dificuldades de aprendizagem da matemática no âmbito escolar são leves e transitórias, bem como determinadas por fatores externos, por exemplo ensino inadequado, faltas, falta de recursos devido ao baixo nível sócioeconômico, sendo que estas causas não são suficientes para causar um transtorno de aprendizagem (Dellatolas *et al.*, 2000; Koumola *et al.*, 2004). Por outro lado, crianças com DD possuem uma condição intrínseca, grave e persistente que é uma falha nos processos da numerosidade, que se apresenta justamente na ausência de fatores cognitivos, educacionais, perceptuais, emocionais ou intelectuais.

Portanto, apesar de ter recursos internos e externos, a criança com DD não consegue se desenvolver nesta disciplina (Santos, 2017). Nos manuais médicos, a DD é definida como transtorno específico de aprendizagem com prejuízo em matemática (315.1. DSM- 5, APA, 2013) ou transtorno de aprendizagem do desenvolvimento com prejuízo na matemática (6A03.2 CID-11, 2018).

Evidências genéticas (por exemplo, dificuldades em matemática observada também nos pais ou irmãos da criança com DD) e neuroanatômicas (por exemplo, as crianças com DD podem ativar áreas cerebrais diferentes ou com distinta intensidade do que crianças com habilidades matemáticas médias) indicam que a DD é uma desordem de etiologia neurobiológica, embora fatores ambientais (por exemplo, ensino inadequado) possam agravar sua manifestação (Dellatolas *et al.*, 2000, Komoula *et al.*, 2004).

O consenso entre especialistas, publicado em 2013, classificou a DD em primária ou secundária (Kaufmann *et al.*, 2013). No primeiro grupo, encontram-se as crianças com déficits restritos à cognição numérica, em uma forma pura do transtorno que acomete a minoria (1-2%) dos casos, ao passo que o segundo grupo inclui todas as formas de comorbidade: a presença de outro transtorno, como dislexia ou TDAH (transtorno do déficit de atenção e hiperatividade), ou déficits em outras funções cognitivas (os mais frequentes são as funções visuoespaciais ou em funções executivas, com ênfase na memória operacional).

A prevalência de Discalculia é similar à de Dislexia, estimada entre 5% e 6% (Devine *etal.*, 2017, Devine *et al.*, 2013). Os estudos brasileiros de Bastos (2016) e Ribeiro e Santos (2019), que realizaram avaliações neuropsicológicas completas, obtiveram prevalências levemente mais altas (8%) que os estudos internacionais. Isso significa que em uma classe de 40 estudantes, três crianças podem ter DD. Ao passo que Fortes et al (2015), adotando critérios do DSM- 5 e rastreio do desempenho aritmético, encontraram prevalência de 6% em crianças brasileiras.

Quando há suspeita de DD, o diagnóstico deverá ser realizado por um especialista na área da Neuropsicologia com base na avaliação neuropsicológica. Para tanto, será necessário entrevistar familiares e professores, observar o desempenho e, sempre que possível, a interação entre os pares. O neuropsicólogo utilizará instrumentos psicométricos para medir o processamento numérico e cálculo, bem como outras funções cognitivas como atenção, memória, linguagem, habilidades visoespaciais, funções executivas etc., e o nível intelectual. A avaliação permitirá identificar primeiro se, de fato, se trata de uma Discalculia, segundo poderá classificar se a DD é do tipo primária ou secundária e por fim servirá para delinear um plano de intervenção. Outro aspecto importante será avaliar o componente emocional da DD, que é a ansiedade matemática, incluindo a mensuração de estresse e de ansiedade geral e específica (AM) (Santos, 2020).

A intervenção em DD deve se iniciar o mais precocemente possível, enfocando conhecimentos aritméticos básicos, tais como trabalhar a capacidade de realizar estimativas precisas e rápidas (contagem de itens não simbólicos), utilizar a linha numérica, habilidades de transcodificação e comparação de magnitudes simbólicas. Ênfase deve ser feita nos materiais concretos e na elaboração de experiências prazerosas com matemática, sendo oferecido *feedbacks* ou retornos sobre o desempenho das crianças (Santos, 2017). As estratégias pedagógicas convencionais são pouco efetivas em crianças com DD (Shalev; Manor; Gross-Tsur, 2005). Furlong, Mcloughlin, Mcgilloway e Geary (2016) revisaram as quatro modalidades de intervenções que estão em desenvolvimento para a DD: 1) centradas na matemática (neuropsicológica ou pedagógica, neste sentido a pedagógica requer educadores especializados, atendimentos individuais ou pequenos grupos que demandam tempo extra classe ou computadorizada); 2) abordagens psicológicas e comportamentais; 3) tecnologias de estimulação cerebral não invasivas; 4) farmacológicas (nenhum transtorno de aprendizagem necessita de medicação, no entanto se a criança apresentar outro diagnóstico associado, por exemplo, Transtorno do Déficit de Atenção com Hiperatividade, transtorno de ansiedade ou depressão, o tratamento farmacológico poderá indiretamente favorecer a aprendizagem. A combinações destas intervenções não está contra-indicada, entretanto, há carência de estudos científicos para testar se somadas, de fato, produzem um benefício maior.

Para ilustrar, apresentaremos, a seguir, um caso de uma criança que apresenta disfunção da numerosidade. Para respeitar o anonimato, será utilizado nome fictício. A criança foi atendida junto ao projeto de pesquisa1 aprovado pelo Comitê de Ética em Pesquisa da UNESP, Câmpus Bauru (processo n.º 2.100.060/2017). Para tanto, Luana passou por avaliações neuropsicológicas pré e pós-intervenção. A intervenção utilizada foi um treino computadorizado. As etapas do estudo serão descritas a seguir.

## CASO CLÍNICO

Aos 8 anos de idade, Luana frequentava o 3.º ano do Ensino Fundamental. Os pais de Luana relataram que a filha desde pequena apresentava problemas em transcodificação, ou seja, dificuldade em nomear números básicos (p. ex., "9 = "nove") e para discriminar grandezas, ou seja, números ou objetos que são maiores ou menores. Sempre teve dificuldade de dizer quantos objetos tinha num conjunto (estimativa de

1 Esta pesquisa constitui o primeiro estudo randomizado e controlado brasileiro para testar a eficácia do Calcularis em crianças com DD.

quantidade). Na escola, os pais relataram que desde o Ensino Infantil, a professora reclamava que Luana contava tudo nos dedos e sempre muito lenta para lembrar de fatos aritméticos básicos (p.ex., resposta para 2+3). Ficava sempre de recuperação e sofria com isso. Demonstrava agitação e preocupação toda vez que tinha prova ou precisava fazer tarefa de matemática (*sic pais*). A professora de Matemátca relatou que Luana não fazia cálculo mental, não contava números em sequência e nem na ordem inversa. A aluna apresentava dificuldade em estabelecer relação entre a palavra que lia, por exemplo "quinze" e contar quinze objetos, dificuldades também com conceitos e respostas automáticas de estimativas. Luana se perdia nas "continhas" (*sic professora*). Diante deste cenário, Luana foi selecionada para avaliação neuropsicológica. Na entrevista de anamnese, verificou-se que a gestação de Luana transcorreu sem dificuldades até o nono mês, conforme acompanhamento pré-natal. Não houve intercorrências médicas nos primeiros anos de vida, doenças crônicas e nem uso de tratamentos farmacológicos.

## AVALIAÇÃO NEUROPSICOLÓGICA PRÉ-INTERVENÇÃO

Em sua avaliação cognitiva, apresentou nível intelectual dentro da média esperada para a idade, assim como para as funções executivas, falhando no subteste

de contagem (contagem de quantidades de 1 a 5), no qual seu desempenho foi inferior neste quesito comparado à média esperada. Entretanto, o seu alcance acadêmico foi seletivamente "inferior" para o subteste de "aritmética", com pontuação equivalente ao desempenho médio de crianças do 2.º ano do Ensino Fundamental, um atraso sugestivo para o diagnóstico de DD, porém inconclusivo. Por outro lado, habilidades de leitura e escrita eram equivalentes à performance normal para o ano escolar.

Em cognição numérica, Luana apresentou prejuízo grave (-3DP; desvio padrão da média etária) no escore total da bateria em relação ao que era esperado para a idade. De maneira mais específica, no momento pré- avaliação, apresentou Prejuízo leve (-1DP) nos compósitos de senso numérico, prejuízo moderado (-2DP) para os compósitos de compreensão numérica e produção numérica. Para os compósitos de cálculo, o prejuízo foi grave (-3DP). Somente para enumeração de pontos, seu desempenho estava preservado (média). Houve prejuízos em nove tarefas da bateria, variando de prejuízo leve a grave, são elas:

estimativa visual de quantidade (P. grave), comparação de números apresentados oralmente (P. moderado), comparação de números escritos (P. moderado), estimativa qualitativa e quantitativa de contexto (P. moderado), contagem oral em ordem inversa (P. moderado), ditado de números (P. moderado), leitura de números (P. moderado), cálculo mental (P. grave), problemas aritméticos apresentados oralmente (P. grave). Os resultados demonstram déficit em cognição numérica suficientemente grave para o diagnóstico de DD.

Em relação à memória operacional, Luana apresentou pontuação média para o total do teste *span* de dígitos, que avaliava o componente da alça fonológica. Seu desempenho no Teste de Repetição de Pseudopalavras para crianças brasileiras (BCPR; Santos; Bueno, 2003), que também avaliava a alça fonológica, foi médio. Também apresentou resultados médios para memória operacional verbal e visuoespacial quando avaliados os compósitos do teste *Automated Working Assessment Memory* (AWMA) (Alloway, 2007) de recordação de contagem e discriminação de formas.

Quanto Ansiedade à Matemática, seus escores indicaram ansiedade moderada (69 pontos na Escala de Ansiedade a Matemática – EAM; Carmo; Figueiredo, 2005). Em compensação, os níveis de estresse e depressão, cujos escores forem aferidos por escalas de autorrelato, indicaram sintomas mínimos. O Quadro 1 apresenta o desempenho quantitativo nos testes utilizados e a classificação dos mesmos.

## INTERVENÇÃO

Evidências sugerem que os treinos cognitivos computadorizados (TCC) baseados em processos são aqueles com maior potencial para transferência de aprendizagem (Ribeiro; Santos, 2015). Na reabilitação da DD, é importante trabalhar: habilidades numéricas básicas, estabelecimento e consolidação de representações espaciais dos números, desenvolvimento de raciocínio aritmético, conhecimento de procedimentos para o cálculo e automatização para as regras matemáticas (Kaufmann; von Aster, 2012). As intervenções computadorizadas mais adequadas são as que se adaptam às características de cada criança, realizadas com consideráveis repetições e em sessões individuais, bem como programas estruturados hierarquicamente, mesclando tópicos numéricos curriculares e não curriculares e que articulem a motivação mediante recompensas e redução da Ansiedade à Matemática (Kucian; von Aster, 2015).

Entre os programas de TCC utilizados para ensinar habilidades matemáticas às crianças que apresentam DD, o *Calcularis* apresenta resultados satisfatórios sobre a aprendizagem de crianças com DD (Michelis; O'Gorman; Kucian, 2018, Rauscher *et al.*, 2016, Käser *et al.*, 2013). Este programa (*software*) combina o treino de numerosidade e habilidades aritméticas (Käser *et al.*, 2013) e apresentou benefícios em tarefas de subtração e linha numérica em crianças expostas a um mínimo de 24 sessões de 20 minutos cada durante seis a oito semanas (Rauscher *et al.*, 2016), bem como para a precisão da resolução de tarefas de linha numérica no papel e resolução de tarefas de adição e subtração corretas, melhorando a apresentação numérica mental em crianças com DD (Michels *et al.*, 2018).

Luana participou do primeiro estudo randomizado e controlado brasileiro desenvolvido na UNESP, Câmpus Bauru, utilizando jogos computadorizados do programa "*Calcularis*" (Santos; Rossi; Nascimento, 2019). Este estudo consistiu em uma intervenção digital para o treino de habilidades matemáticas em crianças na faixa etária de 8 a 10 anos, cursando o 3.º e 4.º anos do Ensino Fundamental. O treino foi sistematizado e consecutivo, abordou habilidades fundamentais, como processamento de números, adição, subtração, multiplicação e divisão e proporcionou uma experiência de aprendizagem divertida e mais eficiente. Neste procedimento experimental, o treino foi realizado por um período de 20 sessões, realizadas nas escolas em grupos com 10 estudantes. O TCC trabalha de forma individual e adaptativa, possibilitando adequações de acordo com as capacidades e a velocidade de cada criança; promove também o apoio ao desenvolvimento das habilidades matemáticas mais difíceis. Com o treino, Luana, adquiriu habilidades de subitização (senso numérico), representação numérica (0-10), ordem numérica (0-10), rota numérica (0-10), adição (0-10), subtração (0-10), fatores matemáticos (0-10), estimativa (0-20), representação numérica (0-20), ordem numérica (0-20), reta numérica (0-20) e estava em processo de aquisição de adição com reserva e subtração de unidades (0-20) quando o treino terminou.

## AVALIAÇÃO NEUROPSICOLÓGICA PÓS-INTERVENÇÃO

Na avaliação da cognição numérica, Luana obteve prejuízo leve (-1DP; desvio padrão da média etária) no escore total da bateria em relação ao que era esperado para a idade. Especificamente, Luana obteve ganhos nas tarefas após ter realizado o treino computadorizado, são eles: estimativa visual de quantidade (P. leve), comparação de números apresentados oralmente (P. leve), comparação de números escritos (P. leve), estimativa qualitativa e quantitativa de contexto (P. moderado), contagem oral em ordem inversa (P. moderado), ditado de números (P. leve), leitura de números (P. moderado), cálculo mental (P. moderado), problemas aritméticos apresentados oralmente (P. grave). Referente ao funcionamento executivo, que se define como processos que apoiam nossas atividades diárias incluindo planejamento, raciocínio flexível, a atenção concentrada e inibição comportamental, desempenho superior à média esperada em todos os subtestes avaliados: leitura, alternância, inibição, flexibilidade e contagem que na pré intervenção estava inferior à média. Importante destacar o ganho considerável pós-intervenção em contagem no qual mede-se processos simples e automáticos da leitura de dígitos numéricos e a contagem de asteriscos, os quais envolvem habilidades de reconhecimento de "conjunto".

Em relação à memória operacional, que é usada para lembrarmos de informações por um curto período de tempo, apenas alguns segundos - e sermos capazes de usar estas informações enquanto executamos outras atividades mentais (por exemplo, um cálculo), Luana apresentou pontuação média para o total do teste *span* de dígitos, que avaliava o componente verbal. Já para a repetição de pseudopalavras, que também avaliava o mesmo aspecto, sua performance foi superior. No que se refere à recordação de contagem, no qual se avaliava memória operacional verbal seu desempenho manteve-se na média esperada. No entanto, para o compósito que avaliou a discriminação de formas, os quais envolviam a memória operacional visuoespacial, Luana obteve desempenho superior após a intervenção.

Apesar dos avanços em aspectos cognitivos, Luana permaneceu com sinais de ansiedade moderada frente à matemática (66 pontos na EAM; média esperada de 25-48 pontos). Para os níveis de estresse e depressão, continuaram indicando sintomas emocionais ausentes ou mínimos, conforme Quadro 1.

## CONSIDERAÇÕES SOBRE O CASO

Conforme relato familiar, a criança não apresentava dificuldades escolares em leitura e escrita. No entanto, exibia um desempenho acadêmico aquém do esperado para matemática, e dificuldades graves tais como reconhecimento dos números, contagem, soma, subtração e multiplicação, desde a pré-escola. São características comuns das crianças com DD contar nos dedos, executar lentamente os cálculos, cometer erros nos cálculos ao emprestar e na organização espacial dos números (confundir as quantidades, por exemplo 505 e 550). Essas crianças não conseguem automatizar fatos numéricos como 6x3 e 9+9, nem perceber que são equivalentes. Seus déficits são heterogêneos e duradouros, bem como estimulam respostas emocionais e comportamentais inadequadas na criança e adolescente (Mazzocco; Rasanen, 2013).

Os relatos dos pais vão ao encontro com os estudos científicos que evidenciam que crianças com DD apresentam déficits acentuados desde a fase pré-escolar (Geary, *et al.*, 2007; von Aster; Schweiter; Weinhold-Zulauf, 2007; Jordan; Wylie; Mulhern, 2010, Desoete *et al.*, 2012). Isto reforça o caráter inato das disfunções da cognição numérica nos transtornos de aprendizagem, que se manifestarão nos sucessivos anos escolares (Shalev *et al.*, 1998, Murphy *et al.*, 2007).

Em função da gravidade dos déficits apresentados (desvios padrão da média), com prejuízos tanto na medida de alcance escolar usada na fase rastreio da queixa (TDE, Teste de Desempenho Escolar; Stein, 1994) quanto na fase diagnóstica por meio da avaliação objetiva do domínio da numerosidade (Zareki-R, Bateria de testes neuropsicológicos para processamento e cálculo em crianças -revisada; Santos *et al.*, 2012). Outro aspecto relevante é que Luana apresentou déficits em todos os compósitos da cognição numérica, o que indica que diferentes habilidades numéricas se encontravam abaixo do esperado para idade. Não basta ter dificuldades aritméticas para obter o diagnóstico de DD.

Com base no protocolo breve utilizado, Luana parece representar um caso de DD primária (Koumoula *et al.*, 2004, von Aster *et al.*, 2007), pois suas habilidades de leitura e escrita estavam na média, assim como a de inteligência, Funções Executivas e as medidas de memória operacional, entretanto, um protocolo mais amplo seria necessário para descartar potenciais déficits em outras habilidades cognitivas. No que tange à Matemática, o presente protocolo é suficientemente abrangente. Crianças com DD devem ser avaliadas em habilidades de processamento numérico, que são aquelas que subsidiam o cálculo (Ribeiro *et al.*, 2017). Por isso, os instrumentos de alcance escolar, que geralmente se restringem a medir o cálculo, são insuficientes para o diagnóstico (Ribeiro; Santos, 2017).

Luana apresentava prejuízos em nove tarefas relacionadas aos sistemas da cognição numérica, contudo após a intervenção, ainda exibia déficits, entretanto obteve melhora nas tarefas avaliadas. Na adolescência, os jovens com DD que receberam intervenção pedagógica convencional, permanecem ampliando seu alcance escolar, no entanto seu rendimento é ainda aquém do esperado comparado aos seus pares (Shalev;Manor; Gross-Tsur, 2005). Para esta criança, o TCC foi um efetivo facilitador da aprendizagem da matemática, Luana passou de um prejuízo grave (66 pontos) para um prejuízo leve (99 pontos) na bateria que avaliou cognição numérica e se aproximou da pontuação. Na medida de desempenho aritmético, após a intervenção, alcançou 9 pontos sendo que o desempenho esperado está entre 10 e 13 pontos. Isto sugere que a continuidade da intervenção por mais algumas sessões poderia normalizar o desempenho e que habilidades numéricas básicas foram desenvolvidas. Entretanto, seria necessário um seguimento para saber o quão duradouros são estes efeitos.

Por outro lado, com relação à Ansiedade a Matemática, este caso confirma os estudos prévios (Wu *et al.*, 2013; Krinzinger; Kaufmann, 2006) embora nem todas as crianças com DD apresentam ansiedade acentuada frente a esta disciplina, contudo, este sintoma tende a se manifestar em crianças com DD. Desoete, Nuerk e Willmes (2012) realizaram um estudo no qual demonstraram que a Ansiedade à Matemática é maior em meninas do que em meninos e que as expectativas dos pais na realização matemática das meninas são mais baixas, o que influencia as atitudes delas em relação à disciplina. Nos estudos de von Aster e colaboradores, o treino computadorizado foi suficiente para reduzir os sintomas de Ansiedade à Matemática (von Aster *et al.*, 2015; Kohn *et al.*, 2017). Talvez porque executaram um número maior de sessões de treino. Outras intervenções estão sendo testadas para reduzir a Ansiedade à Matemática de crianças com DD (Passolunghi; De Vita; Pellizzoni, 2020).

É importante ressaltar que a criança era participante de protocolo de investigação científica, razão pela qual foram selecionados instrumentos mais específicos para o estudo da DD. Seus pais foram informados de suas dificuldades e orientados para a necessidade de uma avaliação neuropsicológica completa – no âmbito do atendimento clínico -, bem como de uma intervenção para minimizar os efeitos de seus déficits. Conforme relatado em Santos (2017), ainda continuamos, nos dias de hoje, com as mesmas dificuldades de não encontrar nas cidades, serviços de reabilitação especializados para os casos de disfunção da numerosidade, tal como se observa para o atendimento de crianças com dislexia. De fato, o campo da DD possui grande demanda, contudo há poucos profissionais qualificados para o diagnóstico e intervenção. As clínicas universitárias são o primeiro passo para modificar esta realidade, pois favorecem a formação de profissionais em Neuropsicologia para atender de forma adequada estas crianças. Desta maneira, iniciativas, em nível nacional, são necessárias para sistematizar e garantir o acesso à assistência especializada e com qualidade (Santos, 2017).

## PRINCÍPIOS DE APRENDIZAGEM EFETIVA

Uma sala de aula atrativa não é suficiente para uma criança com DD aprender Matemática. As crianças com DD necessitam, adicionalmente, de uma intervenção especializada, pois as intervenções pedagógicas convencionais, tais como aulas de reforço após o horário escolar, tutoriais escolares ou presença de recursos na sala, são pouco efetivas nesses casos (Shalev *et al.*, 2005), ainda que possam ser efetivas para crianças com baixo rendimento matemático ocasionados por fatores externos à criança. Conforme Fuchs *et al.* (2008), há sete princípios que contribuem para o desenvolvimento de uma aprendizagem efetiva de crianças com DD em programas de intervenção intensiva. Estes princípios podem ser seguidos por pais durante a lição de casa e educadores em sala de aula, bem como pelos psicólogos que realizarão intervenções para a estimulação da cognição numérica.

1. Instruções explícitas: deixar claro para a criança o que se espera dela, fornecer informações passo a passo do que deve fazer.

2. Minimizar erros durante a aprendizagem: consiste em antecipar ou eliminar interpretações equivocadas do passo a passo, com o objetivo de automatizar um procedimento preciso.

3. Ênfase nas bases conceituais: requer a execução de diversos exercícios. É importante que a criança compreenda o porquê realiza cada etapa, isto significa, saber a base teórica de cada um deles.

4. Repetição e Memorização: a repetição é indispensável para a automatização de todos os passos a serem realizados, fixação dos conteúdos e melhor desempenho dos exercícios.

5. Revisão cumulativa: a cada nova aula ou sessão, deve-se sempre retornar o que a criança aprendeu na previa como forma de consolidar a aprendizagem, e garantir a sequenciação correta dos conhecimentos.

6. Processos motivacionais: oferecer recompensas para o esforço da criança e reconhecimento dos passos alcançados ao longo do processo de aprendizagem.

7. Processos autorregulatórios: possibilitar estratégias que auxiliem a controlar o estresse emocional frente as dificuldades. O manejo cuidadoso das pausas, assim como a escolha do horário e ambiente adequados para a intervenção, auxilia a manter a atenção focal.

O professor poderá ajudar as crianças a perceberem que a Matemática está presente nos jogos e brincadeiras infantis (na amarelinha, na contagem do esconde e esconde, nos jogos de cartas, jogos de tabuleiros etc). Contudo, o uso de tecnologias assistivas - recursos e serviços que auxiliam na funcionalidade de pessoas com transtornos e deficiências – está recomendado no caso da DD (Mcknight; Davies, 2012). Por exemplo, o direito a utilizar calculadora em determinadas circunstâncias, o acesso livre à tabuada e ter mais tempo nas atividades e avaliações podem ajudá-lo a ter mais tempo de pensar no problema.

É importante sinalizar que além do uso de estratégias diferenciadas para se trabalhar com o aluno com DD, o professor precisa ter conhecimento das reais necessidades de cada aluno (pedagogia positiva), estabelecer tempo pedagógico adequado no trabalho desses conteúdos e mediar qualitativamente o processo de construção de conceitos, auxiliando a criança a enfrentar suas dificuldades como desafios a serem superados. O professor deverá discutir as características de criança com déficits com o neuropsicólogo(a) que realizou o diagnóstico e juntos elaborarem estratégias que serão efetivas para essa criança na escola e em casa, de forma que estejam em sintonia com o plano de intervenção adotado na clínica (Ardiles; Santos, 2019).

## CONSIDERAÇÕES FINAIS

A DD é um transtorno de aprendizagem específico que se caracteriza por déficits intrínsecos na cognição numérica que se diferencia da dificuldade de aprendizagem na Matemática por apresentar indicativos desde o ensino pré escolar, pela gravidade, manifestações que extrapolam o contexto escolar, funcionamento cerebral atípico, persistência dos sintomas e resistência ao tratamento. As crianças evoluem, porém, em ritmo mais lento em comparação aos pares. O transtorno gera impacto negativo nos âmbitos pessoal, acadêmico e profissional (Mazzocco; Rasanen, 2013; Shalev; Manor e Gross-Tsur, 2005; Rubinstein; Henik, 2009). No caso clínico apresentado, Luana, uma menina de 8 anos, estudante do 3.º ano do Ensino Fundamental, com diagnóstico de DD primária recebeu a intervenção por meio de treino cognitivo computadorizado e obteve benefícios às habilidades associadas à representação numérica, para senso numérico e compreensão numérica corroborando estudos internacionais. A criança também melhorou em habilidades não treinadas (memória fonológica), as quais possuíam estímulos e processos comuns incorporados nas tarefas: transcodificação de números. Faz-se necessário a continuidade de pesquisas sobre intervenções eficazes no tratamento da DD.

## AGRADECIMENTOS

À Dybuster pelo acesso gratuito às licenças do Calcularis e MAI e pela doação dos tablets e ao Prof. Michael von Aster por autorizar a adaptação e uso da Zareki-R estritamente no contexto de pesquisa. As autoras declaram não ter conflitos de interesse, pois, as avaliações e análises estatísticas foram conduzidas de forma independente.

## REFERÊNCIAS

ALLOWAY, T. P. **Automated Working Memory Assessment**: Translated and reproduced by permission of Harcourt Assessment, 2007.

ANGELINI, A. L.; ALVES, I. C. B.; CUSTÓDIO, E. M.; DUARTE, W. F.; DUARTE, J. L. M. **Manual**: Matrizes progressivas coloridas de Raven [Manual: Raven's colored progressive matrices. São Paulo, Brazil: Centro Editor de Testes e Pesquisas em Psicologia, 1999.

APA. American Psychiatric Association. **Diagnostic and statistical manual of mental disorders (DSM-5)**. Washington, DC: American Psychiatric Pub, 2013.

ARDILES, R; SANTOS, F. H. Orientações para professores sobre o transtorno específico de aprendizagem da Matemática. *In:* SOARES, A. M.; SIMÃO, J. R. O. R.; NEVES, L. M. (org.). **Caminhos da Aprendizagem e inclusão**: entretecendo múltiplos saberes. Belo Horizonte, Brasil: Artesã, 2019. p. 1-16. v. 2.

BASTOS, J. A. **O cérebro e a Matemática**. São José do Rio Preto, São Paulo: Edição do Autor, 2008.

CARMO, J. S.; FIGUEIREDO, R. M. E. Aprendizagem, emoção e ansiedade à matemática: indícios e vestígios de histórias de punição e fracasso no ensino da matemática. **Trilhas – revista do Centro de Ciências Humanas e Educação**, v. 7, n. 15, p. 85- 93, 2005.

COHEN-KADOSH, R.; DOWKER, A. **The Oxford handbook of numerical cognition**. Oxford: University Press, 2015.

DELLATOLAS, G.; VON ASTER, M.; WILLARDINO-BRAGA, L.; MEIER, M.; DELOCHE, G. Number processing and mental calculation in school children aged 7 to 10 years: Transcultural comparison. **European Child & Adolescent Psychiatry**, v. 9, p. 102– 110, 2000. DOI: 10.1007/s007870070003.

DESOETE, A.; CEULEMANS, A.; WEERDT, F. D.; PIETERS, S. Can we predict mathematical learning disabilities from symbolic and non-symbolic comparison tasks in kindergarten? Findings from a longitudinal study. **British Journal of Educational Psychology**, v. 82, n. 1, p. 64-81, 2012. DOI: 10.1348/2044-8279.002002.

DEVINE, A.; FRANCESCA, H.; CAREY, E.; SZUCS, D. Cognitive and emotional math problems largely dissociate: Prevalence of developmental dyscalculia and mathematics anxiety. **Journal of Educational Psychology**, v. 110, n. 3, p. 431-444, 2017. DOI: 10.1037/edu0000222.

DEVINE, A.; SOLTÉSZ, F.; NOBES, A.; GOSWAMI U.; SUZCS, D. Gender differences in developmental dyscalculia depend on diagnostic criteria. **Learning and Instruction**, v. 27, p. 31-19, 2013. DOI: 10.1016/j.learninstruc.2013.02.004.

FORTES, I. S.; PAULA, C. S.; OLIVEIRA, M. C.; BORDIN, I. A.; MARI, J. DE J.; ROHDE, L. A. A cross- sectional study to assess the prevalence of DSM-5 specific learning disorders in representative school samples from the second to sixth grade in Brazil. **European Child & Adolescent Psychiatry**, v. 25, p. 95–207, 2016. DOI: 10.1007/s00787-015-0708-2.

FUCHS, L. S.; FUCHS, D.; POWELL, S. R.; SEETHALER, P. M.; CIRINO, P. T.; FLETCHER, J. M. Intensive intervention for students with mathematics disabilities: Seven principles pf effective practice. **Learning Disability Quarterly**, v. 31, n. 2, p. 79-92, 2008. DOI: 10.2307/20528819.

FURLONG, M.; MCLOUGHLIN, F.; MCGILLOWAY, S.; GEARY, D. Interventions to improve mathematical performance for children with mathematical learning difficulties (MLD) (Protocol). **Cochrane Database of Sistematic Reviews**, v. 4, p. 1-35, 2006. DOI: 10.1002/14651858.CD012130

GEARY, D. C.; HOARD, M. K.; BYRD-CRAVEN, J.; NUGENT, L.; NUMTEE, C. Cognitive mechanisms underlying achievement deficits in children with mathematical learning disability. **Child development**, v. 78, n. 4, p. 1343-1359, 2007. DOI: 10.1111/j.1467- 8624.2007.01069.x.

JORDAN, J. A.; WYLIE, J.; MULHERN, G. Phonological awareness and mathematical difficulty: A longitudinal perspective. **British Journal of Developmental Psychology**, v. 28, n. 1, p. 89-107, 2010. DOI: 10.1348/026151010x485197.

KÄSER, T.; BACHERA, G-M.; KOHN, J.; KUCIAN, K.; RICHTMANN, V.; GROND, U.; GROSS, M.; VON ASTER, M. Design and evaluation of the computer-based training program Calcularis for enhancing numerical cognition. **Frontiers in Psychology**, v. 4, n. 489, p. 1-13, 2013. DOI: 10.3389/fpsyg.2013.00489.

KAUFMANN, L.; VON ASTER, M. The diagnosis and management of dyscalculia. **Deutsches Ärzteblatt International**, v. 109, n. 45, p. 767-778, 2012. DOI: 10.3238/arztebl.2012.0767.

KAUFMANN, L.; MAZZOCCO, M. M.; DOWER, A.; VON ASTER, M.; GOBEL, S. M.; GRABNER, R. H. Dyscalculia from a developmental and differential perspective. **Frontiers in Psychology**, v. 4, n. 516, p. 1-5, 2013. DOI: 10.3389/fpsyg.2013.00516

KAUFMANN, L.; WOOD, G.; RUBINSTEIN, O.; HENIK, A. Meta-analyses of developmental fMRI studies investigating typical and atypical trajectories of number processing and calculation. **Developmental Neuropsychology**, v. 36, n. 7, p. 763-787, 2011. DOI: 10.1080/87565641.2010.549884.

KOUMOULA, A.; TSIRONI, V.; STAMOULI, V.; BARDANI, I.; SIAPATI, S.; GRAHAM, A.; VON ASTER, M. An epidemiological study of number processing and mental calculation in Greek schoolchildren. **Journal of Learning Disabilities**, v. 37, n. 5, p. 377–388, 2004. DOI: 10.1177/00222194040370050201.

KOHN, J.; RAUSCHER, L.; KUCIAN, K.; KÄSER, T.; WYSCHKON, A.; ESSER, G.; VON ASTER, M. Efficacy of a Computer-Based Learning Program in Children with developmental dyscalculia. **Front. Psychol.**, v. 11, p. 1-14. DOI: 10.3389/fpsyg.2020.01115.

KRINZINGER, H.; KAUFFMANN, L. Math anxiety and arithmetic skills. **Sprache Stimme Gehor**, v. 30, n. 4, p. 160-164, 2006. DOI: 10.1111/bjep.12151.

KUCIAN, K., VON ASTER, M. Developmental dyscalculia. **European Journal of Pediatrics**, v. 174, n. 1, p. 1-13, 2015. DOI: 10.1007/s00431-014-2455-7.

LUCARELLI, M. D. M.; LIPP, M. E. N. Validação do inventário de sintomas de stress infantil-ISS-I. **Psicologia: Reflexão e Crítica**, v. 12, n. 1, p. 71-88, 1999.

MAZZOCCO, M. M.; RASANEN, P. Contributions of longitudinal studies to evolving definitions and knowledge of developmental dyscalculia. **Trends in neuroscience and education**, v. 2, n. 2, p. 65-73, 2013. DOI: 10.1016/j.tine.2013.05.001.

MCKNIGT, L.; DAVIES, C. **Current perspectives on assistive learning technologies**: 2012 review of research and challenges within the field. The Kellogg College Centre for Research into Assistive Learning Technologies. Oxford: University of Oxford, 2012. 78 p.

MICHELS, L.; O'GORMAN, R.; KUCIAN, K. Functional hyperconnectivity vanishes in children with developmental dyscalculia after numerical intervention. **Developmental Cognitive Neuroscience**, v. 30, p. 291-303, 2018. DOI: 10.1016/j.dcn.2017.03.005.

MURPHY, M.; MAZZOCCO, M.; HANICH, L. B.; EARLY, M. C. Cognitive characteristics of children with mathematics learning disability (MLD) vary as a function of the cutoff criterion used to define MLD. **Journal of learning disabilities**, v. 40, n. 5, p. 458-478, 2007. DOI: 10.1177/00222194070400050901.

PASSOLUNGHI, M.C., DE VITA, C., PELLIZZONI, S. Math anxiety and math achievement: the effects of the emotional and math strategy training. **Developmental Science**, v. 23, v. 6, 2020. DOI: 10.1111/desc.12964.

RAUSCHER, L.; KOHN, J.; KÄSER, T.; MAYER, V.; KUCIAN, K.; MCCASKEY, U.; ESSER, G.; VON ASTER, M. Evaluation of a computer-based training program for enhancing arithmetic skills and spatial number representation in primary school children. **Fronteirs in Psychologist**, v. 7, n. 913, p. 1-14, 2016. DOI: 10.3389/fpsyg.2016.00913

RIBEIRO, F, S.; SANTOS, F. H. Enhancement of numeric cognition in children with low achievement in mathematic after a non-instrumental musical training. **Research in Developmental Disabilities**, v. 62, p. 26-39, 2017. DOI: 10.1016/j.ridd.2016.11.008.

RIBEIRO, F. S.; TONOLI, M. C.; RIBEIRO, D. P. D. S. A.; SANTOS, F. H. Numeracy déficits scrutinized: Evidences of primary developmental dyscalculia. **Psychology & Neuroscience**, v. 10, n. 2, p. 189–200, 2017. DOI: 10.1037/pne0000082.

RIBEIRO, F. S.; SANTOS, F. H. Métodos específicos para impulsionar a memória operacional. *In:* SANTOS, F. H.; ANDRADE, V. M.; BUENO, O. F. A. (org.). **Neuropsicologia hoje**. 2. ed. Porto Alegre, Brasil: Artmed, 2015. p. 299-306. v. 1.

RIBEIRO, F. S.; SANTOS, F. H. Persistent Effects of Musical Training on Mathematical Skills of Children With Developmental Dyscalculia. **Frontiers in psychology**, v. 10, n. 2888, p. 1-15, 2020. DOI: https://doi.org/10.3389/fpsyg.2019.02888

RUBINSTEIN, O.; HENIK, A. Developmental dyscalculia: Heterogeneity might not mean different mechanisms. **Trends in cognitive sciences**, v. 13, n. 2, p. 92-99, 2009.

SANTOS, F. H. (2020). Aprendizagem da Matemática: Uma linguagem à parte. *In:* MOUSINHO, R.; ALVES, L. M.; NAVAS, A. L.; SALGADO-AZONI, C.; CELESTE, L. C.; CAPELLINI, S. A.; AVILA, C. B.; SANTOS, F. H. (org.). **Leitura, escrita e matemática**: do desenvolvimento aos transtornos específicos da aprendizagem. 1. ed. São Paulo: ABCD, 2020. p. 111-125. v. 1.

SANTOS, F. H.; BUENO, O. F. A. Validation of the Brazilian Children's Test of Pseudoword Repetition in portuguese speakers aged 4 to 10 years. **Brazilian Journal of Medical and Biological Research**, v. 36, n. 11, p. 1533-1547, 2003. DOI: 10.1590/S0100- 879X2003001100012

SANTOS, F. H.; ROSSI, L.; NASCIMENTO, J. M. Calcularis efficacy in children with Developmental Dyscalculia barely familiar with computers. *In:* MATHEMATICAL COGNITION LEARNING SOCIETY MEETING, 2., 2019, Ottawa. **Book of abstracts** [...]. Ottawa, Canada, 2019. Poster session presented.

SANTOS, F. H.; SILVA, P. A.; RIBEIRO, F. S.; DÍAS, A. L. R. P.; FRIGÉRIO, M. C.; DELLATOLAS, J.; VON ASTER, M. Number processing and calculation in Brazilian children aged 7-12 years. **The Spanish journal of psychology**, v. 15, n. 2, p. 513-525, 2012. DOI: 10.5209/rev_SJOP. 2012.v15.n2.38862.

SANTOS, F. H. **Discalculia do Desenvolvimento**. São Paulo, Brasil: Pearson Clinical Brasil, 2017.

SEDÓ, M.; PAULA, J. J., MALLOY-DINIZ, L. F. **O teste dos cinco dígitos**. São Paulo: Hogrefe CETEPP, 2016.

SHALEV, R. S.; MANOR, O.; GROSS-TSUR, V. Developmental dyscalculia: a prospective six-year follow up. **Developmental Medicine & Child Neurology**, v. 47, n. 2, p. 121- 125, 2005. DOI: 10.1017/s0012162205000216.

SHALEV, R. S.; MANOR, O.; AUERBACH J.; GROSS-TSUR, V. Persistence of developmental dyscalculia: What counts? Results from a 3-year prospective follow-up study. **Pediatrics**, v. 133, n. 3, p. 358-362, 1998.

STEIN, L. M. **TDE - Teste de Desempenho Escolar**: manual para aplicação e interpretação. São Paulo: Casa do Psicólogo, 1994.

VON ASTER, M.; DELLATOLAS, G. **ZAREKI-R-Batterie pour l'evaluation du traitement des nombres et du calculchez l'enfant**. Paris: ECPA, 2006.

VON ASTER, M. G.; SHALEV, R. S. Number development and developmental dyscalculia. **Developmental Medicine & Child Neurology**, v. 49, n. 11, p. 868-873, 2007.

VON ASTER, M. Calcularis-evaluation of a computer-based learning program for enhancing numerical cognition for children with developmental dyscalculia. ***In:*** ANNUAL MEETING OF THE AMERICAN ACADEMY OF CHILD AND ADOLESCENT PSYCHIATRY, 62., 2015, San Antonio. **Book of abstracts** [...]. San Antonio – TX, 2015.

WU, S. S.; WILLCUTT, E. G.; ESCOVAR, E.; MENON, V. Mathematics achievement, anxiety, and their relation to internalizing and externalizing behaviors. **Journal of learning disabilities**, v. 47, n. 6, p. 503-514, 2013.

# SOBRE AS ORGANIZADORAS

## SIMONE APARECIDA CAPELLINI

Fonoaudióloga. Professora Titular – FFC/UNESP – Marília-SP. Docente do Departamento de Fonoaudiologia e dos Programas de Pós-Graduação em Educação e em Fonoaudiologia da Faculdade de Filosofia e Ciências – FFC/ UNESP – Marília-SP. Membro do *Collegio dei Docenti del Corso di Dottorato in Formazione, Patrimonio Culturale e Territori presso l'Università di Macerata, Macerata, Itália.* Coordenadora do Laboratório de Investigação dos Desvios da Aprendizagem (LIDA) do Departamento de Fonoaudiologia – FFC/ UNESP – Marília-SP. Líder do grupo de pesquisa "Linguagem, Aprendizagem e Escolaridade" (CNPq). Coordenadora do Departamento de Fonoaudiologia Educacional da Sociedade Brasileira de Fonoaudiologia (SBFa), Gestões 2017-2019; 2020-2022 e 2023-2025.

## GISELI DONADON GERMANO

Fonoaudióloga. Docente do Departamento de Educação e Desenvolvimento Humano (DE- PEDH) – FFC – UNESP – Marília e do Programas de Pós-Graduação em Fonoaudiologia da Faculdade de Filosofia e Ciências – FFC/UNESP – Marília-SP. Membro do grupo de pesquisa "Linguagem, Aprendizagem e Escolaridade" (CNPq). Pesquisadora colaboradora do Laboratório de Investigação dos Desvios da Aprendizagem (LIDA) do Departamento de Fonoaudiologia – FFC/UNESP – Marília-SP. Vice-coordenadora do Departamento de Fonoaudiologia Educacional da Sociedade Brasileira de Fonoaudiologia (SBFa), Gestões 2017-2019; 2020-2022 e 2023-2025.

# SOBRE AS AUTORAS

## ANDRÉA CARLA MACHADO (MAPAC)

Linguista. Pedagoga. Psicopedagoga. Mestre e doutora em Educação Especial pela Universidade Federal de São Carlos – UFSCar. Estágio doutoral em Special Education pela University of Georgia, UGA, EUA. Pós-doutora em Psicologia pela UFSCar. Pós-Doutoranda em Educação pela Universidade Estadual Paulista "Júlio de Mesquita Filho" – FFC/UNESP – Marília – SP. Membro do Laboratório de Investigação dos Desvios de Aprendizagem – LIDA da FFC/UNESP-Marília-SP. Membro do Grupo de Pesquisa do CNPq "Linguagem, Aprendizagem, Escolaridade" da Faculdade de Filosofia e Ciências da Universidade Estadual Paulista – FFC/UNESP. Pesquisadora e psicopedagoga Clínica do Centro de Pesquisa e Desenvolvimento Infantil (CPEDi). Consultora e supervisora na área de Educação Especial e Inclusiva.

## ELIANE GIACHETTO SARAVALI

Livre-docente em Psicologia do Desenvolvimento (UNESP, 2022), Pós-Doutorado em Educação (UEL, 2014), doutorado em Educação (UNICAMP, 2003), mestrado em Educação (UNICAMP,1999), especialização em Psicopedagogia Clínica e Institucional (2003, ISCA/Limeira), graduação em Pedagogia (UNICAMP,1995). Atualmente, é docente do Programa de Pós-graduação em Educação (UNESP/Campus de Marília) e do Departamento de Educação e Desenvolvimento Humano. Líder do GEADEC - Grupo de Estudos e Pesquisas em Aprendizagem e Desenvolvimento na Perspectiva Construtivista/CNPq. Membro da ISP - International Society of Psychopedagogy.

## ÉRICA DE CÁSSIA GONÇALVES

Doutoranda e Mestre em Educação (2020) pelo Programa de Pós- Graduação da Universidade Estadual Paulista "Júlio de Mesquita Filho" (UNESP - Marília/SP). Possui graduação em Pedagogia pelo Centro Universitário da Fundação Educacional Guaxupé (2009) e Pós-Graduação "Lato-Sensu" em Psicopedagogia Institucional pela Faculdade Calafiori (2012). É membro do GEADEC - Grupo de Estudos e Pesquisas em Aprendizagem e Desenvolvimento na Perspectiva Construtivista (CNPq - UNESP/Marília).

## FLAVIA HELOISA SANTOS

Professora Assistente junto à University College Dublin, Irlanda (2018) e Ad Astra Fellow (2019-2024). Pós-Doutorado em Psicologia Básica na Universidade do Minho, Portugal (2013-2018); Pós-Doutorado em Psicologia Básica na Universidad de Murcia, Espaa (2010-2011). Doutorado em Ciências pela Universidade Federal de São Paulo (1998-2002) com período sanduíche na University of Durham, Inglaterra. Especialização em Psicologia da Infância pela UNIFESP (1997-1998). Graduação, Bacharelado e Licenciatura em Psicologia pela Faculdade Paulistana de Ciências e Letras (1994).

## JÚLIA BEATRIZ LOPES SILVA

Doutorado em Saúde da Criança e do Adolescente pela Faculdade de Medicina / UFMG, Brasil (2017); Mestrado em Saúde da Criança e do Adolescente. Faculdade de Medicina / UFMG, FMUFMG (2013). Psicóloga pela Universidade Federal de Minas Gerais, UFMG (2010) e University of Leeds, LEEDS, Inglaterra (2010). Professora Adjunta da Universidade Federal de Minas Gerais, Brasil (Atual).

## LIENE ROSSI

Doutora em Psicologia do Desenvolvimento e Aprendizagem pela UNESP-Bauru (2023). Mestre em Psicologia do Desenvolvimento e Aprendizagem pela UNESP-Bauru (2008). Especialista em Neuropsicologia (título pelo Conselho Federal de Psicologia). Especialista em Psicologia Clínica (CFP). Pós-graduada em Terapia Cognitiva-Comportamental pelo IPCS. Especialista em Altas Habilidades/Superdotação pela UniFil/Sapiens. Aprimoramento em Psicologia Clínica aplicada à Neurologia Infantil pela UNICAMP. Especialista em Reabilitação Neuropsicológica pelo HC/FMUSP. Neuropsicóloga Clínica.

## LUANA TEIXEIRA BATISTA

Mestre em Neurociências (ICB-UFMG). Psicóloga pela Universidade Federal de Minas Gerais (UFMG). aprendizagem e neuropsicologia.

## MIRYAN CRISTINA BUZETTI

Pós-doutorado pela Unesp-Marília na área de Educação. Doutorado em Educação Especial (Educação do Indivíduo Especial) pela Universidade Federal de São Carlos (2015). Mestrado em Educação Especial (Educação do Indivíduo Especial) pela Universidade Federal de São Carlos (2010). Graduação em Pedagogia pela Universidade Estadual Paulista Júlio de Mesquita Filho (2005), e, professor substituto da Universidade Estadual Paulista Júlio de Mesquita Filho e professor da Prefeitura Américo Brasiliense. Atualmente é bolsista da Universidade Aberta do Brasil- CAPES.

### RAQUEL MARIA BIRAL FACONTI

Mestre em Educação pela Universidade Estadual de Londrina (2006). Especialista em Psicopedagogia pelo Centro de Estudos Superiores de Londrina/PR (1996). Especialista em Educação Especial pelo Centro de Estudos Superiores de Londrina/PR (1993). Graduação em Pedagogia pelo Centro de Estudos Superiores de Londrina (1990). Docente Convidada da Universidade Estadual de Londrina, Universidade Norte do Paraná e Faculdades Catuaí para Cursos de Especialização Latu Sensu. Pedagoga com atuação na Especialidade de Psicopedagogia Clínica desse 1991.

### RITA DOS SANTOS DE CARVALHO PICININI

Mestre em Distúrbios do Desenvolvimento pela Universidade Presbiteriana Mackenzie /SP (2008). Especialização em Administração Escolar pela Faculdade de Barretos (SP -1993), em Tecnologia Educacional pela PUC/SP (1995) e em Psicopedagogia pela PUC/SP (2005). Graduação em Matemática pela Universidade Estadual Paulista - Júlio de Mesquita Filho (1991).

### SILVIA CRISTINA DE FREITAS FELDBERG

Doutorado em Ciências pela Universidade Federal de São Paulo (2017). Mestrado em Psicologia da Educação pela Pontifícia Universidade Católica de São Paulo (2010). Graduação em Análise de Sistemas pela Pontifícia Universidade Católica de Campinas (1979) e em Pedagogia pelo Centro Universitário Assunção (2004). Especialista em Tecnologias Interativas Aplicadas à Educação pela Pontifícia Universidade Católica de São Paulo (2000), em Psicopedagogia pela Pontifícia Universidade Católica de São Paulo (2006) e em Educação em Saúde pela Universidade Federal de São Paulo (2008).

# ANOTAÇÕES

Construindo ideias
e conectando mentes

Este livro foi composto com tipografia ITC Berkeley Oldstyle Std
e impresso em Papel offset 75gr. em outubro de 2024.